Entre

Los Libros

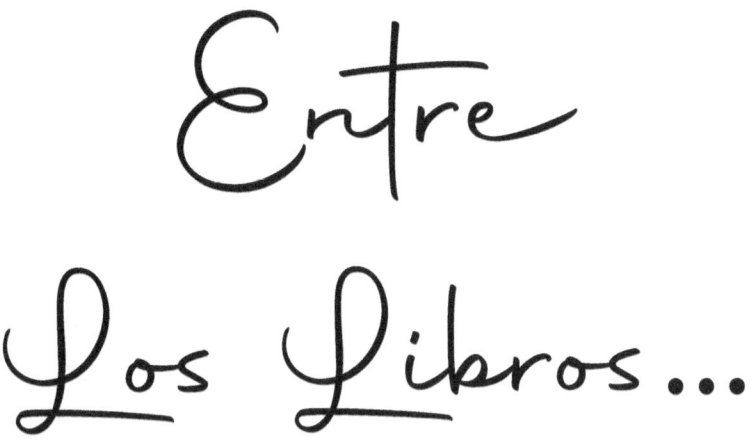

Entre Los Libros...

Colección de Poesías

2

1983–1990

Rosa M. Díaz

Inks and Bindings
888-290-5218
www.inksandbindings.com
orders@inksandbindings.com

Para mis amigos de escuela
De Merced College,
1982-1984,
Y CSU Stanislaus,
1984-1990,
Quienes me reconocieron
Y me hicieron sentir especial,
Querida y respetada.

INTRODUCCIÓN

Esta es la continuación de INCIPIENTE, Colección de Poemas I, 1977-1982.

Con la graduación de la secundaria en 1982, comienza una faceta nueva de mi vida. Yo no tenía planes de ir al colegio, pensaba que la secundaria me había dado toda la educación necesaria para ser escritora. No me daba cuenta que hay reglas, pasos y técnicas que seguir y mientras se aprende lo básico, también se aprende a escribir en un estilo propio. No me daba cuenta que el colegio era un buen lugar para adquirir y desarrollar ideas. Tampoco veía que necesitaba el roce social. También necesitaba vivir situaciones y emociones para escribir al momento o como recuerdos o visiones. Pero al colegio me fui.

Después de las vacaciones del verano, me inscribí en el Mereced Community College. Todas mis amistades de la niñez se dispersaron. Yo era cohibida y estaba sola, y francamente, también me sentía sola. Reconocí algunos compañeros de la secundaria, pero fingieron no conocerme así que les respondí de la misma manera.

Los primeros días fueron los más extenuantes para mí. Era como una gatita abandonada, temerosa y buscando mi esquina donde me sintiera segura. Unos días después, un muchacho con un estilo de vestir muy particular, seguía viniendo hacia mí tratando de entablar una conversación. Pronto se convirtió en un buen amigo que venía a hacerme compañía por las tardes, especialmente los viernes cuando casi todos se iban temprano a casa. Después, conocí a otro muchacho que insistía en hacer conversación cuando yo no tenía ganas de hablar. Pero me alegra que no se haya dado por vencido porque, con el tiempo, se convirtió en uno de mis mejores amigos y él me presentó con otros que también fueron buenos amigos.

Conocí a tanta gente, cada uno en diferentes circunstancias y tiempos. Fue una relación especial con cada uno y me hicieron sentir importante con su atención y palabras. Increíble, en pocos días todo empezó a cambiar para bien. Ya no estaba sola y ahora tenía ganas de ir a la escuela para convivir con mis amigos y aprender de paso.

Mis amigos me dieron su tiempo y atención, su apoyo y ayuda, su aprobación y ánimo. También pedían mi presencia y mi punto de vista en todo. Sus problemas y confidencias caían sobre mí. Yo escuchaba, analizaba y aconsejaba dando mi opinión franca y abierta. Me sentía respetada y segura entre todos ellos. Entre todo y todo, mi autoestima subió hasta los cielos. Me sentía feliz, confidente, fuerte, desafiante y victoriosa.

Formamos un grupo grande de amigos íntimos con respeto a la persona, las familias, la cultura y las responsabilidades y derechos de cada uno. No sé si eran los tiempos o algo individual, pero había respeto, discreción y privacidad. También me da gusto decir que ninguno de mis amigos eran vulgares o groseros y ninguno de nosotros estaban metidos en drogas o ni siquiera alcohol así que las reuniones y las convivencias eran siempre amenas.

Estos dos años en MC fueron los mejores años de mi vida como adulta joven. Nunca, antes o después, tuve tantos amigos y las amistades nunca fueron tan fuertes e íntimas como cuando tenía 19-21 años. Nunca más hablé con tanta libertad y nunca reí tanto o me sentí tan positiva y segura de mí misma como en aquellos días. Para mí, todo fue bueno hasta los últimos días cuando nos despedimos y yo me transferí a la universidad.

En 1984 me transferí a la universidad CSU Stanislaus junto con otros amigos, pero, aunque éramos grandes amigos en una escuela, ellos, después, tenían otros compromisos, otras metas, otras gentes y horarios y a mí me pusieron en categoría de conocida. Sentí que ya no tenían tiempo o interés en saber de mí y yo me hice a un lado. Pensé que la alianza y la camaradería que teníamos antes sería duradera y la cercanía no iba a cambiar, pero en la universidad, ya no hubo continuación o repetición.

MC me trajo tantos amigos y una autoestima alta, pero CSU Stanislaus me bajó a una realidad cruda y me devolvió a mi antigua e insegura yo. Estando en la universidad y en los dormitorios, yo, otra vez, fui como gata asustada queriendo mantenerme en mi esquina, aunque esa esquina fuera al aire libre y en público. No lo vi en ese entonces, pero la influencia de una relación enfermiza empeoró las cosas para mí. Pero amaba a ese hombre y tenía la impresión de que él también me amaba porque me lo decía a menudo.

Me tomó tiempo en conocer compañeros de la escuela, sin embargo, esta vez, no hice tantas amistades y nunca fueron tan intimas como en la escuela anterior. Ahora las amistades eran pocas, las reuniones eran esporádicas y los problemas eras más serios pero menos confiables.

MC and CSU Stanislaus me trajeron tantas cosas nuevas, incluyendo incidentes, emociones, perspectivas, conocimiento y entendimiento de mí misma y de otros. Empecé a escribir de mis sentimientos y vista hacia afuera. Empecé a escribir de lo que había a mi alrededor. Empecé a escribir de mí misma con un punto de vista nuevo. Algunos profesores en CSU Stanislaus vieron mi potencial y me dirigieron a las clases de escritura creativa donde mi gusto por escribir se reforzó.

Me gradué de la universidad en 1990 con una incertidumbre del, ¿ahora qué? Con el diploma en mano, una fase de mi vida comenzó. Colgué el diploma en la pared junto con mi foto en toga y birrete para recordarme de lo que quería ser y todo lo que he vivido.

En la página de Contenido, le agregué una E a los poemas escritos originalmente en español y una I a los que fueron originalmente en inglés.

CONTENIDO

REVERENCIA   1

Una Oración	E	3
Alma Y Luz	E	5
Hombre	E	7
La Catedral	E	8
No Temas	E	9
De Rodillas	E	10

AMOR   11

Amar Y Ser Amado	E	13
Nuestra Creación	E	15
Novios	E	17
Ironías	E	19
Si Alguna Vez	E	22
Promesas Del Corazón	E	23
El Primer Beso	E	25
No Importa	E	27
Tentación	E	29
Amantes	E	30
El Rompimiento	I	31
Si Acaso	E	34
Valentía	E	35
La Inocencia	E	39
Sin Piedad	E	41
Días Lluviosos	E	42

EMOCIONES

		43
Muchas Palabras	I	45
Mi Soledad	E	46
Visiones	I	47
Mi Testamento	E	49
Arrepentida	E	51
Sola	E	52
¿Quién?	I	53
Depresión	I	55
Entre Caídas	I	56
Voy A Ganar	E	57
Yo	E	59
La Fuga	I	63
Admisión	E	65

EDUCACIÓN

		67
La Educadora	E	69
De Ayer A Mañana	E	71
Una Maestra	E	74
Entre Los Libros	E	75
Diploma	I	79

RECORDACIÓN

		81
Enemigos De Raza	E	83
Mi Ciudad	E	86
Mis Dos Naciones	E	87

DEDICACIONES   89

Las Amistades	I	91
María	E	92
Fuimos Amigas	E	93
Pequeña Princesa	E	95
A Ti	E	97
Amistad Olvidada	E	99
Belleza Blanca	I	100
Rosa	E	101

EN GENERAL   103

La Llamada	I	105
La Locura Afuera	I	106
El Camión	I	107
Otoño	E	112
El Dormitorio	I	113
Estudio 251	E	117
Metas	I	120
La Laguna	I	121
La Tecnología	E	123
Floreciente	E	125
Los Lloros	E	128
Al Aire Libre	I	129
Lava Carros	I	131
Amiga Maternal	I	133

REVERENCIA

Mi reverencia
Es al Dios Todopoderoso
Quien nos dio una luz
Para nuestro espíritu,
Y quien nos hace únicos
En todo sentido.

Yo agradezco
De ser yo
Pues veo
La belleza,
La magnificencia
Y el milagro de la vida
En lo ordinario
De las cosas pequeñitas.

Una Oración

Cuídame de noche,
Cuídame de día,
Tú eres
Mi única guía
Y sin ti me perdería.
No me dejes caer
Ni al suelo
Ni en la tentación,
Sálvame
Del abismo,
Hazme buena
Para merecer
Tu atención.

Cuida mi despertar,
Cuida mis sueños
Que no puedo
Controlar,
Cuídame
En mis pesadillas
Dirigidas
Por una mano
Indeseada.
No dejes
Que me aflija
Por lo que
No tiene solución
Ni salida.

Si fallo
Y en el pecado caigo,
Perdóname, Señor,
No fue mi intención,

Sólo fue la mano
Del diablo.
Manda un ángel
Que me guie
En mis tragedias
Y me ayude
Con mis temores.

Cuida
Mis pensamientos
Que se pierden
En la nada,
Quita los estorbos
Y aparta la maldad
En mi vida.
Ayúdame a olvidar
Lo material
Y ponerle atención
Al espíritu,
Ayúdame a encontrarles
La bondad
Para ayudarles
Sin críticas.

Deberás saber
Que quiero
Conservarme
Limpia de pecado,
Sin embargo,
La vida es dura
Cuando te busco
Y no te hallo
Aquí, a mi lado.

Hazme buena,
Hazme paciente,
Tenme piedad,
Nunca me dejes sola
Porque quiero
Tocar el cielo
Con mis manos
Y experimentar
El paraíso
Con mis sentidos.

Cuida
Mi alma mortal
Hoy y los días
Que vendrán,
Cuida
De este mundo tirano,
Que todos te necesitamos.

Marzo 15, 1988

Alma Y Luz

El alma
Y la luz
Van mano a mano
De la niñez
A la vejez.
El alma refleja
La bondad,
La luz ilumina
La alegría personal,
Las dos viven
En la tierra,
Las dos suben
Al cielo
Por su valor.

Una,
Sin la otra
Nada son,
Dios nos mandó
Un alma
Para hacernos
Humanos,
La luz nos llegó
Para hacernos
Diferentes.

La luz
Es la esencia
De la personalidad,
El alma refleja
La existencia,
Las dos tienen
Su hermosura
Sin igual,
Las dos son únicas
En lo sentimental.
Esto, lo sabemos,
Por lo que hacemos
A diario
Y si cumplimos
Las promesas.

El alma
Y la luz
Son fuertes
Como un árbol,
La luz
Son las ramas,
El tronco
Es el alma.
El alma
Y la luz
Son como una flor,
La luz
Es el aroma,
La belleza
Es el alma.
Alma y Luz
Siempre unidas
Como dos gaviotas
Amigas,
Como la oscuridad
Y las estrellas,
Como el verano
Y el día soleado.

El alma
Dios recoge,
La luz
Se apaga sola,
Y de uno —
No queda nada.
A través del tiempo
El alma vuelve
Y la luz
Resplandece
En otra vida,
Otro ser,
Porque el reflejo
De esto —
Nunca muere.

Diciembre 18, 1984

Hombre

En tus ojos claros
Se refleja
La tranquilidad
Iluminando
Una paz espiritual,
Tu semblante
Lleno de bondad,
Regala sonrisas
Mutuas
Dondequiera que vas.

Tus palabras,
Siempre ligadas
A la palabra
De Dios,
Traen aliento
A toda persona,
A todo tiempo.
Amigo del universo,
Tu voz
Es un dulce verso
Traído por los santos
Que junto a tu persona
Todo es paz.

Tu cuerpo
Es la imagen repetida
En miles
De antepasados
Pero a la vez,
Tú eres especial,
Eres único.

Eres la mano
Servicial,
Siempre lista
Para ayudar
Porque Dios
Siempre está contigo.

Hombre,
Convertido por Jesús
En un guía,
Tienes mucho que dar
Día tras día,
La fuerza de tu fe
Se refleja
En cada acción
Que al prójimo haces
Con humildad,
Y sin quejas.

Mayo 23, 1984

La Catedral

La catedral
Se veía tan bonita,
Parecía tan cercana
Y a la vez tan lejos,
Al caminar
A pasos de ella.

En sus paredes
Enormes
Y hermosa
Construcción,
Vine a dejar
Mis pecados
Y vine
A pedir perdón.
Mis lágrimas
Limpiaron
Mi consciencia,
Y el silencio profundo
Hizo un eco
Que me ensordeció.

Sentía una inquietud
Apacible,
Me olvidé
Del mundo afuera
Y entré a un mundo
De trasparencia,
No tenía nada
Que ocultar
Todo
Lo sentía expuesto.

Deseaba quedarme
Allí por toda la vida
Pero, de pronto,
Sentí miedo
A la rectitud
Para mis faltas
Y pena
Para enfrentarlo.

Salí a la calle
Y la luz me cegó,
Preferí vivir
En el mundo
Pecador, malvado
Y mentiroso,
Pero sabiendo
Que cada acción
Me lleva a conocer
El amor puro y limpio
Que el espíritu necesita
Para superar todo.

Octubre 30, 1983

No Temas

Cuando te sientas triste,
Recuérdame,
Yo estaré allí
Para hacerte sonreír,
No te sientas mal,
No tienes
Nada que temer.

Nunca te sientas solo,
Confía en mí,
Siempre estaré
A tu lado,
Siempre cerca,
Ayudándote
A resolver
Los problemas
Que pudieran aparecer.

Olvida el dolor
Del pasado,
Vive intensamente
La felicidad
Del presente,
Porque al final,
Eso es lo que permanece.
No imagines tu futuro
O te sentirás
Defraudado
De lo que esperas
Y no se haga realidad.

No temas,
Pon atención,
No estás solo,
Aunque no lo veas,
El Espíritu de Dios
Siempre está cerca.

Sólo vive
Un día a la vez
Y disfruta
La hermosa vida
Porque Dios
Es tu mejor guía
Y el ángel guardián
Está en tu mente misma.

Octubre 19, 1983

De Rodillas

Me arrodillo,
En el piso duro y frio
Frente a mi cama,
Le rezo a Dios
Por mi salud,
Por mi bienestar
Y mi fuerza mental.
Rezo por mi vida,
Rezo para aliviar
Mis temores
Que me hacen agonizar.
Por favor, dame
Una larga vida,
Saludable y tranquila,
—No estoy lista
Para morir todavía.

Mi imaginación
Larga, seria
Y complicada
Empeoran mi salud.
Vivo en conflicto
De depresión
Y preocupación perpetua
Que me causan
Desmayos y mareos
Y episodios de silencio.

Los temores
Constantemente
Perturban mi mente
Y mi bienestar.

Con fervor
Rezo por mi salud
Y para que mis temores
Desaparezcan.
De corazón ofrezco
Todo lo que tengo
Y con fervor,
Le rezo a Dios
Que me extienda
La vida
Para probarle mi valía.

Aprendí a rezar
Cada noche
Y agradecer
Por todo lo que tengo.
Con cada día que pasa,
Sé que estoy
Más en deuda con Dios
Y los ángeles
Que me manda del cielo.

Agosto 5, 1985

A
M
O
R

El amor
Es la emoción
Más fuerte
Que nos hace prosperar,
Se esmera
Por ganarlo,
Se trabaja
Para mantenerlo.
El amor verdadero
Nunca muere
Pero la mayoría olvida
Y nunca aprecia
El sentimiento.

El amor
Tiene fuertes
Opuestos
Y por el amor,
Se vive triste
O se vive contento,
Desilusionado
O soñando,
Es un círculo
De la vida
Y de vivir.

Amar Y Ser Amado

El amar
Llena el corazón
De alegría
E ilusión
Tan sólo de ver
Aquel rostro,
Tan sólo oír
Una palabra
De aquella boca.

Al amar,
Se ríe,
Se llora,
Se lucha,
Se sufre,
Se vive,
Se experimenta.
Amar
Trae felicidad,
Se vive
De esperanzas,
Se sueña,
Se edifican metas,
Se tiene fe
Y las barreras
Se desvanecen.
El alma
Se esfuerza
Para superarse.

Se ama
Con la mente,
Cuerpo y alma,
Todo
Se ve bonito,
Todo
Se ve divino,
Se ofrece,
Se regala,
Se da
La vida misma
Sin pedir nada
A cambio,
El corazón
Queda satisfecho
De cada acción
Que se hace
Por quien se ama.

Cuando nos aman,
El mundo
Sigue su rutina
Y quisiéramos
Escapar
Y perseguir
Otra vida.
Quisiéramos
Alejarnos
De la alegría
Que otros sienten
Y no entendemos
Porque los suspiros
O las palabras omitidas.

Cuando nos aman,
El corazón
Se llena
De orgullo
Y satisfacción
Para presumir
De nosotros mismos.
Se es egoísta,
Insensible,
Indiferente,
A veces,
Se es despiadado
Y cruel
Con quien nos ama.
El corazón
No ve sueños,
No tiene
Esperanzas
U opciones,
Todo es monocromo
Y sin atracciones.

A veces,
Cuando nos aman,
Se puede amar
Con gratitud,
Cortesía
O compensación
Pero no hay
Honestidad
O contentamiento.
Se vive
Una vida cotidiana
Pero la aceptación
No es alegría.

Pero cuando el amor
Es libremente recíproco,
La unión
Todo lo puede
Y la vida
Se vuelve una sola.

Octubre 20, 1983

Nuestra Creación

Amado mío,
El amor nos unió,
Y de recompensa
A ese cariño,
Dios,
Un hijo nos mandó.

Qué alegría,
Qué desesperación,
¿Nacerá de día,
O de noche?
¿De ser como será,
Hará gran alarde?
¿Será presumido,
O humilde
Y amistoso?
¿Será honesto
O hipócrita
Mentiroso?

¿Se parecerá a ti,
O será como yo?
Muchas preguntas,
Muchas expectativas
Y muchos sueños
Pero quiero que tenga
Tu mirada,
Tu voz y tu porte.
Se parecerá a ti,
Segura quiero.

Todos cambiamos
Con los años
Y las experiencias.
Pero estaremos con él
En lo que sea.
De nosotros,
Sus padres
Jamás se afrentará
Porque sabrá
Que nadie
Estará a su lado
Y siempre con él.

Mi niño tierno
Y hermoso,
Dará caridad
Siempre gustoso.
Será valiente,
Todo a su paso
Vencerá
Para tener
Lo que desea
Porque lo merece
Y porque lo trabaja.

Mi hijo,
Hijo de mi vida,
Hijo de mis sueños,
Hijo de mis deseos.
Tu padre
Será tu compañero
Y yo, tu amiga.
De mis preocupaciones
Serás tú
El único dueño.

Te haré un príncipe,
Te haré un rey —
Nunca un mendigo,
Y te aseguro
Que lo dicho
Es para mí una ley.

Nuestra creación,
Cosa bella,
Algo celestial,
Viene a llenar
Con satisfacción
Los vacíos
De mi casa y corazón.
Ya habrá juguetes,
Risas y llantos,
Alegrías y enojos
Que cubrirán
Los ecos
Del más íntimo
Rincón.

Gracias, Dios,
Por escuchar
Mis ruegos,
Por darme un hijo
Que llenaré de amor.

Noviembre 31, 1986

Novios

¿Quién es aquel chavo,
Que, a distancia,
Seguido pasa,
Me ve y sonríe
Muy coqueto?
¿Quién es?
Me intriga saber
Pero no me atrevo
A dejar mi asiento.
Al final, él viene a mí.

Por un tiempo,
Fue un conocido
Con muchas sonrisas
Y miraditas
Y yo perseguí una relación
O como amigos.
Era interesante
Y divertido,
Era amable
Y amistoso.
Cuando él quería,
Era sociable y sonriente,
Cuando no,
Era malhumorado
E indiferente
Y exigía su espacio.

Meses de andar tras él
No me llevó
A ninguna parte
Y mi paciencia
Llegó a su fin.
El hielo de enero
Y me dejó ver
Lo tonta había sido.
No me importó mucho,
Renuncié a él,
Le quité el valor
Que yo le di,
Fue algo fuerte,
Claro y directo,
Ya no habría saludos
Ni una mirada siquiera.

Fue más fácil
De lo que pensaba,
Pasar junto a él
Y saludar a todos,
Excepto a él.
Fue fácil fingir
Que él no existía
Y darle el espacio
Como lo quería
Pero ver el dolor
En su cara
También a mí me dolía.

Bueno, bueno,
¿Qué tenemos aquí?
No tardó mucho,
Cambiamos de lugar
Y yo me volví dura
Y despiadada

Pero había un toque ligero
O sonrisas de su parte
Al cruzarnos en los pasillos
O en las escaleras
Y se convirtió
En un desconocido
Familiar.
Inconscientemente,
El sabor
De su propia medicina
Alteró el desenlace
Del destino.
El desconocido
Ahora me buscaba a mí
Sonriente y provocativo.

Él era sólo un amigo,
Algo sin
Lo que podía vivir,
Sólo una ilusión,
Nada más,
Pero poco a poco cedí.

Él tenía la delantera
Y los medios,
En la amistad
Recién encontrada,
Las invitaciones
Para salir no acababan
Y hablábamos
De todo
Y reíamos de la nada.

Se convirtió
En una relación formal
Un día de primavera
Cuando pregunta
Si quiero ser su novia.
Nunca pensé
Que este día llegaría
Pero, de todos modos,
Le di la bienvenida.

Sus besos
Y sus caricias
Eran de mi deleite
Pero que alegría
Fue oírlo decir
Que me quería.

Me sentía
En las nubes,
Me gané
Su atención y cariño
Y fue mejor
Tenerlo a él
Entre todos mis amigos.

Junio 11, 1984

Ironías

Querías ser
Mi protector
Y en el alma
Eres un niño
Que busca el amor
Y la protección.
Querías ser
Mi ídolo, mi héroe,
Pero eres el villano,
Hombre egoísta,
Y no te deja ver
Más allá de ti mismo.

Tus ojos de pecado
Me delataban
Y me sentía inferior.
Tus sospechas
Y acusaciones
Me llenaban
De remordimientos
Por esta relación
Pero a ti te causaba
Deleite
Y fuerza brutal.

Querías hacerme
Tu amante
Y no eres ni mi amigo.
Querías ser
Mi confidente
Pero nunca
Me has comprendido.

Exigías
Mi honestidad
Y tú fuiste
Un jugador fatal.
Exigías
Mi juramento
Y el tiempo te probó
Ser un farsante
De tus actos.
Eras bueno
Hipócritamente.
Al final,
Eres hombre
Sin vanidad.

Pobre hombre,
Me das pena,
Niño inseguro,
Astuto sin sensatez,
Querías salir
Triunfante
Y saliste
Gran perdedor
Al ver que yo,
Esta mujer,
Se te va.

Mi amor lo mataste
A golpes,
Con tus acciones vanas,
Tus palabras huecas
Y tu mal pensar.
Fui víctima
De tus desaires
Y ahora
Tú eres víctima

De mi desamor.
Antes tan orgulloso
Y ahora
Tan humilde
Me vienes a rogar.
Ayer tan altanero
Y hoy sin dignidad.

Mira
Lo que son las cosas,
Ayer,
Yo tan débil
Y siempre
A tus pies,
Hoy,
Soy fuerte y valiente.
Ironías de la vida,
Cuando algo no es,
Aunque se obliga,
Nunca sale bien.

Ahora
Que me ves perdida,
De rodillas me ruegas
Que vuelva contigo
Pero yo no quiero más
Nada contigo.
Las ironías
Del destino
Duelen más
Cuando se voltean
Contra uno mismo
Sin indicaciones
Que sospechar.

Yo no te juzgo,
Así lo aprendiste,
Tu crueldad
Te seguirá
Como la sombra
De tus pecados.
Las consecuencias
De tus acciones
Estarán junto a ti
Como el latido
De tu corazón.
Si no cambias,
Destruirás
Toda tu existencia.
La conciencia
Te dará siempre
La respuesta.
Si te sientes culpable,
Es que sabes
Dentro de ti
Que has hecho mal.
Si te sientes contento,
Es que Dios te da la paz.

Yo olvido
Todo lo malo,
En mi corazón
Encontré la solución
Que me tiene contenta.
Hoy tu orgullo
Está herido,
No me creías capaz
De enfrentarme a ti
Con tal fuerza espiritual.
Pero ya lo ves,
Lo aprendí.

Ya no
Me lastimarás,
Ya no
Oiré tus gritos,
Aquí cada quien
Agarra su camino.
Por mí
No te preocupes,
Le pido a Dios
Que te bendiga
Y te perdone.
Estoy segura
Que separados
Estaremos mejor
En la vida.

Abril 10, 1989

Si Alguna Vez

Si alguna vez
Necesitas
Una mano amiga,
Yo estaré allí,
Porque te quiero
Y quiero lo mejor
Para tu vida.

Si, en los días
De fiesta,
Te sientes
Triste y solo,
Nunca lo dudes,
Cuenta conmigo,
Para hacerte feliz,
Querido amigo.

Si el frío del invierno
Te hace extrañar
El calor
De tus amigos,
Recuérdame.
Estaré allí,
Cuando me necesites.
Estaré allí,
Por siempre
Si lo permites.

Diciembre 20, 1987

Promesas Del Corazón

Prometo,
Cuando tengas
Problemas,
Cuando estés triste,
No temas,
Llámame,
Que te haré sonreír.

Si estás deprimido
O si estás herido,
Voltea al cielo,
Mira al sol
Que brilla cada día,
Abre los ojos
Y ve
Que la naturaleza
Trae esperanza
Y vida.

No dudes
Lo que te digo.
Ante lo trágico
Está el consuelo.
Ante la perdición
Está el consejo
Que prometo darte
Para calmar
Tu sufrimiento.

Prometo
Estar allí,
En caso
De emergencia,

En caso
De la ausencia.
Cuando quieras
Llorar,
Cuando estés triste,
Echaré tu dolor
A los cielos
Y volará
Como el polvo
Con el viento.

Si necesitas
Una amiga,
Si necesitas
De una amante,
Estaré contigo
Al instante
Para darte cariño
Y compartir
Mi alegría.

Cuando sientas frío,
Compartiré
Mi calor,
Prometo respetar
Y serle comprensiva
A tu sufrimiento
Y a tu dolor.

Prometo,
De corazón
A corazón,
Contigo estar
En las buenas
Y en las malas,
Como nadie

Lo ha estado,
Como nadie
Lo estará jamás.

Promesas son,
Pero de ti depende
Que se cumplan.
Cuando necesites
De mí,
Si me llamas,
Yo te podré ayudar.
Pero si no me dices,
No podré saber
Lo que te aflige
El alma,
Mente, y corazón.

Octubre 17, 1988

El Primer Beso

Un poco antes
De mis trece,
En una fiesta
Medio oscura,
Un muchacho,
Mucho mayor,
Me detecta,
Se acerca,
Y se sienta
Junto a mí.
Habla y hace preguntas
Pero la música
Está muy fuerte
Así que yo le sonreía
Por no poderle oír.

De pronto,
Al voltear a verlo,
Me plantó tal beso
En mi boca,
— Fue directo.
Yo no sabía
Que hacer
Ni cómo reaccionar,
Estaba bajo su control
Y encanto.
Yo era niña
Inocente, inexperta,
Nunca había visto
Cosa semejante,
Pero cerré los ojos
Automáticamente.

Fue un beso
Divido en dos
Por un segundo de aire
Que él,
De líder y maestro,
Tomó entremedio.
Quería probar
Y enseñarme,
Pero mi boca
Era como una prisión
Con cadenas
Y tornillos de acero.

Su boca tenaz
E impaciente
Dominó mis sentidos,
Fue un beso
Que duró segundos
Pero me dejó atónita
Y pidiendo más,
Sin embargo,
No hice el intento
De sugerir nada
Porque mi reputación
Estaba entre medio.

No sé porque,
Al separarnos,
Sentí vergüenza,
Por él, por mí
Y por quien viera.
Agaché mi cara,
Deseando que se fuera
Pero él tomó mi mano
Entre la de él,
Tan tiernamente,

Y duramos así,
Unos minutos,
Hasta la hora de irnos.

Él acompañó
A la bolita
De muchachas
Hasta la casa,
Todos caminábamos
Sin preocupación,
Pláticas y risas
Llenaban las calles
Oscuras y desiertas.

Me fui a dormir
Con una perspectiva
Nueva
De la vida
Y la sensación
Aún fresca
En mi mente
De sus labios
Sobre los míos.
Me fui a dormir
Con suspiros y sonrisas
Que me hicieron soñar
Toda la noche.

Un beso
De unos segundos
Fue de mayor impacto,
Despertó en mí
Emociones y sueños,
Provocaciones
Y los Te quiero.

Dos meses después,
En mi Primera
Comunión.
Debí confesar
Todos mis pecados
Pero nunca
Dije ese,
Fue un secreto
Entre yo
Y mi conciencia.

El primer beso
Tan privado era
Que por muchos años
Se quedó escondido
Como un tesoro
Enterrado
En el subterráneo
De mi mente.
Sé que Dios sabe
Y entiende,
Como se da y se pide
Las cosas del amor
Aunque no se digan.

Noviembre 22, 1987

No Importa

No importa,
Te digo,
Y me repito
A mí misma
Una y mil veces.
No importa,
Quédate tranquilo,
Yo estoy bien,
Yo conozco
Los juegos
Del destino.

Aunque me duele
Y me enoja,
Te digo,
No importa.
Te digo no importa
Y te maldigo.
Deseo
Que te sientas
Culpable,
Deseo
Que te remuerda
La conciencia,
Deseo
Que te arrepientas
Por dejarme
En la espera
Sin siquiera
Una llamada
Para decirme
Que no te presentas.

Soy tu amiga,
Me gusta oírte
Y ayudarte
Pero no soy
Una muñeca
Que se hace
O deshace
A tu placer.
Soy humana,
Tengo sentimientos,
Y aquí, te digo,
Lo siento,
Pero entre mi cólera
Y mi dolor
Te maldigo
Y me das pena también.

Si te quiero ver
O si no,
De cualquier manera
Me siento culpable
Y acabo triste.
Tal vez soy egoísta
Y quiero todo
A mi gusto,
Y cuando
No me sale así,
Todo me parece mal
Y estúpido.

He perdido
Muchos amigos
Por ser como soy,
Los que conservo
No me saben apreciar,
O yo exijo mucho

De ellos,
O ellos esperan
Mucho de mí.

Cuando llore
Y desahogue mi alma,
Entonces
Pediré perdón.
Pero mientras tanto,
Con nudos
En la garganta
Y en el corazón
Y enojo en las manos,
Te digo,
No importa,
Yo puedo esperar.

Sólo soy una amiga
Que es amiga
Para escuchar.
Pero a mí —
¿Quién me escucha
Como yo hago
Con los demás?
Tal vez
Exijo demasiado,
Pero en la crisis,
¿Quién se pone
A pensar?

No importa,
Diviértete,
Haz tu vida,
Yo sé comprender
Las barreras
Que impone la vida.

Pero luego,
Cuando necesites
De una amiga
Tal vez te diga,
Lo siento,
No me importa.

No importa,
Yo puedo esperar,
No importa,
Yo estoy bien.
Sólo recuerda,
El que presente no está,
Algo puede perder.
Y si no entiendes
Esto que te he dicho,
Lee y analiza
Esto otra vez.

Octubre 28, 1988

Tentación

La tentación
Se apoderó
De mi mente
Y de mi cuerpo,
Al soltar en libertad
Mis cohibiciones,
Me siento satisfecha
Pero no completa.

Tenía hambre
De tu cuerpo,
Tenía sed
De tus besos,
Mi mente y piel
Decían que sí,
Pero mi alma
No concebía ser
Sólo una entrega fugaz.

Tantas veces callé
Mis sentimientos
Por temor
A ofenderte.
Tantas veces
Ignoré mis deseos
Por temor
A rebajarme.

El frío de invierno
Me hace temblar,
La quietud de la noche
Me hace anhelar

El calor de otra gente,
Mis travesuras
Agobian la mente,
Mi corazón
Está en fuego,
Y mi mente
No sabe razonar.

Extraña relación
Es esto,
En la amistad
Hay coqueteo
Y seducción,
En la mirada
Hay tentación
Y en el toque
Hay una quemazón.

Tentación maldita,
Por ti
Me llaman atrevida.
Ya veo,
El invierno es compañero
De la agonía interna,
La oscuridad es amiga
De la desaforada tentación
Y yo estoy entre todo.
Sin pensarlo más,
Me doy
A la intriga pasional.

Noviembre 28, 1988

Amantes

De nuestra noche
De pación
Sólo el recuerdo queda
Pero aún siento
La sensación
De tus besos,
Aún me queda
La fragancia
De tu cuerpo.

Yo quise
Hacerte feliz,
Y tú sólo deseabas
Saciar tu tentación.
Entre las caricias
Y besos
Te olvidaste
De mi sentir.

Quise llenarte
De placeres,
Quise saciarte
De pasión,
Quise encontrar
El amor,
Y sólo vi el pecado.

Ahora sé
Al amor verdadero
No se le busca.
No.
Le gusta llegar
De sorpresa
Y a escondidas.

Enero 21, 1988

El Rompimiento

Años desperdiciados,
Años regalados
A lo que fue
Una ilusión pasajera,
Años asumiendo
Que esta relación
Era algo serio,
Pero, me engañaron,
Nunca me amó.

El hombre que quiero,
El hombre que a diario
Decía quererme,
Puso la idea de la boda,
Un hogar, hijos
Y un para siempre juntos.
Estaban en el aire
Y la cronología,
Yo también lo quería
Por el amor que sentía,
Y para calmar
A aquellos que juzgan
Y criminalizan
Con reglas anticuadas
Que ya no pertenecen.

No veía
Que la propuesta
De matrimonio
Se alejaba más
Cuando la palabra 'Pronto'
Se convertía en 'Un día,'

Y luego los pretextos
De 'Estudios,
Trabajo y familia,'
Aparecen en orden
Y su interés cambiaba
En mi propia cara.

Sus palabras de amor
Me cegaban,
Su toque era suave,
Sus besos eran dulces
Y sus abrazos
Eran tiernos
Pero su compañía
Era deshonesta
Y su mente era engañosa.
Sus palabras mentirosas
Cubrían el silencio
Y su sonrisa hipócrita
Ocultaba sus sentimientos.

Sus ojos errantes
Encontraron
Entretenimiento nuevo
O ella lo encontró a él,
Pero lo engatusó
Y yo me volví un estorbo
En su camino.
Qué gran dolor sentí,
Me dolió la cabeza
Y el corazón.
En un acto sincronizado,
Empujé al hombre
Que amo,
Él se alejó de prisa
Hacia la mujer

Que lo esperaba
Con los brazos abiertos
En su guarida.

El hombre
Que quiero se fue.
El rompimiento
Dolió tanto,
Caí al piso y lloré
Hasta el cansancio.
Sentí como si la muerte
Cayera sobre mí
Por el engaño que dejó,
El dolor intenso,
El vacío, el silencio
Y la soledad.

Estaba acostumbrada
A sus caricias,
A sus elogios
Y entre todo,
Era buena compañía
Cuando estaba
De buen humor.
Me sentía perdida,
El futuro sola
Era inconcebible
Y me preguntaba,
¿Qué voy a hacer sin él?

Mi depresión
Se volvió aislamiento
Y batalla interna.
Extrañaba su voz, su risa,
Su mano y su presencia,
Que llenaban

Mi apartamento.
Quería que volviera
El hombre que amaba
Pero no quería
Al hombre mentiroso.

Unos días aparte
Volteó todo contra mí.
El chisme y la culpa
Corrieron libres
Y fue un círculo
De agravios.
Es como si esperaban
El rompimiento
Para hablar y acusar
Y hacer sus conjeturas.
La víctima
La hicieron la villana
Y el delincuente
Salió como héroe
Del cuento.

Me dejé abatir
Por las palabras
De gente insignificante.
Mi auto recelo se presentó
Con muchas preguntas,
Criterios y quejas
Que me entristecen
Y me hicieron arrepentir
De lo que viví.
Ahora, ¿quién
Me va a querer?
El amor ya se lo di
A un hombre indigno
Que no me quiso.

Las heridas del engaño
Se abrían y sangraban
Con promesas huecas
De un regreso,
Del arrepentimiento
Y los 'te quiero'
Que nunca acabaron.
Mi dolor me obstruía
La vista
Al mundo afuera.
Parecía que un eclipse
Tapara la tierra,
Pero no – eran mis ojos,
Llorosos y agotados
Que no podían ver.

Yo quería
Que fuera noche
Todo el día
Para llorar sin medida
Pero el sol
Seguía saliendo
Cada mañana
Y no vi otra opción
Más que despertar
Y levantarme
Junto con él.
El tiempo y el sol
Me ayudaron
A levantarme,
Sacudirme
Y seguir adelante.

Para una mente
Llena de prejuicios
Y convencionalismos,

Mis acciones
Fueron mi pecado
Y mi vergüenza
Y mi vida secreta
Que tanto cuidaba
Se dio a conocer
Cuando anuncié
Que madre voy a ser.

Diciembre 31, 1990

Si Acaso

Si acaso te ofendí,
Perdón,
No fue mi intención,
Dije cosas sin sentir.

Me gustaría verte
Y platicar del pasado,
Probablemente
Hago alarde,
Pero tal vez así
Los corazones
Estén enlazados
De hoy en adelante.

Tú decides,
Tú escoges,
Yo ya hice lo mío,
Pero te digo,
No arrojes
Este sentimiento al vacío
Sin consultarlo
Antes conmigo.

Febrero 21, 1987

Valentía

En una cultura
Donde se respeta al padre
Sobre todas las cosas
Y él tiene la primera
Y última palabra,
Donde los hombres,
Como novios
O candidatos,
Entran a la casa
Sólo hasta el matrimonio,
Y donde las reglas en casa
Son de obediencia,
Respeto y silencio,
Ahora contradicen
Con lo que se vive
Y se aprende aquí
En esta nación.
Pero el ser joven,
Ser mujer
Y querer diversión
No cuadran
Con los padres.

Yo quería mantener
Mi galán en secreto
Y en público
Seríamos amigos,
Él mantendría su distancia
Y yo cuidaría mis palabras
Para prevenir más reglas
De ojos vigilantes
Y lenguas sueltas.

Aquí, las costumbres
Son fundamentales
Pero me gustaría
Que los novios
Pudieran visitar
Para conocernos mejor.
Cómo quisiera
Que fuéramos más modernos
Y poder salir
Y platicar con quien fuera
Libres de culpa
Y límites de tiempo.

Pero, ¿Qué veo?
Mi corazón
Se salta un latido,
Llega mi galán,
Con esa disposición
De hombre valiente,
Atrevido y decidido,
Pero sonríe
Agradablemente
Y con respeto
Se presenta con mi padre.

Hablan de mí
Como si no estuviera allí,
Se disputan mi futuro
Al discutir las reglas
Y mi crianza,
La moralidad y el honor.
Uno me crió
Y pide respeto,
El otro me ve como mujer
Y pide permiso
Para conocerme mejor.

Parece que este
Es el momento
Donde dos etapas
De mi vida
Se saludan y se despiden.

El galán
Quiere conocerme
Sin interferencias
Pero hay estática
En esta conferencia.
Mi padre le lanza
Una mirada severa
Por el rabillo del ojo
Pero oye al muchacho
Mientras fuma,
Y, a la vez,
Voces conocidas
Con un tono riguroso
Se entremeten
Y dan sus quejas
Que se repiten
Contra mí.

Mi galán pregunta
Y espera la respuesta,
'Quiero salir con ella
Sin problemas.
¿Tenemos su permiso?'
Mi padre
Se sienta en su sillón,
Y toma sorbos de café
Y la pregunta
Queda en el aire.

Yo temía una reacción
Impulsiva
Al verlo ya inquieto,
Pues, ¿*cómo* se atreve
Un hombre sencillo
A romper el orden
Del hogar
Y molestar al gobernante
En sus dominios?

Los comentarios
Continúan,
Todos hablan
A la vez,
Los tantos intrusos
En la conversación,
Que matan
Con la mirada
Y con el tono de voz,
Quieren manipular
Los resultados.
La petición del galán
Hace una oferta
Grande y seria
De traer a sus padres
Como prueba
De su buen corazón.

Guau, este hombre
Me impresiona.
Enfrentarse al hombre,
Su resistencia
En esta situación
Y su tenacidad
Para darme tiempo con él,
Son los detalles

De amor más grande
Que me puede demostrar.
Hace todo esto por mí,
Suspiro,
Veo lo grandioso
Que es.
Mi padre
Sube la mirada
Y contempla
La situación.
'Bueno, pues,
Trae a tus padres
Para darles
Una respuesta.'

El reloj
Debe estar descompuesto,
El tiempo se detiene,
La manecilla
De los segundos
Va muy lenta
Pero veinticuatro
Horas pasan,
Veinticuatro horas
De ansiedad,
Veinticuatro horas
De incertidumbre
Y expectativas
Pero llega el galán
Como parte
Del compromiso.

Ellos repiten
Las características
Y las mejores intensiones
De su hijo.

Después, la pregunta
Para mi padre
Sale otra vez,
'Quiero salir con ella
Sin problemas.
¿Tenemos su permiso?
¿Me da permiso
De entrar en su casa?'

Ya no hay excusas
O pospuestas
Para contestar,
El silencio es intenso
Pero en su mirada triste
Vi que se da cuenta
Que la cultura
Y su control
Ahora se cuestionan
Y se desafían.

Las palabras
Salen de su boca
Junto con el humo,
'Está bien,
Pero respetan esta casa
Y mi palabra
Y se portan bien,
No quiero una tontería.'

Traduje y descifré
Lo que decía
Y lo que quería decir.
Hay veces que la pena
Y la falta de palabras
Son fuerte pretexto
Para evitar el tema

Y no enseñar
Lo que sabemos.
Suponemos
Que otros entienden
Lo que se espera
De ellos,
Suponemos
Que conocen los hechos
De la vida
Y mantendrán la calma
Para tener el honor y respeto
Y para evitar
Las malas sorpresas.

Hay cosas que se dicen
Y se aceptan en clave
Aunque nunca
Se expliquen
Ni se aclaren.
En cuanto a mí,
He aprendido
En carne propia
Lo que nadie menciona.

Agosto 20, 1984

La Inocencia

Las pláticas
Se vuelven serias,
Las voces
Se vuelven susurros,
Veo sus labios
Y empiezo a imaginar.
El rose de sus dedos
Sobre mi mano
Se siente como el fuego.
Los ojos del hombre
Que me atrae,
Me indican que lo siga,
Sin dudar,
Dejo que él me dirija.

Camino tropezándome
Con mis propios pies,
La anticipación
Y la excitación
Crean emociones nuevas
De ansiedad, provocación,
Deseos y tentación.
La imaginación
Corre libre
En lo que puede ser un beso.

Una mirada amistosa
Y una sonrisa coqueta
Se dibujan en su cara
Y yo caigo
Bajo las garras
De su encanto.

Como hombre cortés,
Me abre la puerta
Y me invita
A entrar en su carro.

La luz de la farola
Penetra suavemente
Por la ventana de enfrente
E ilumina su cara.
La vista del área
Sola y oscura
Me causa escalofríos
Al enfocarme
En el fresco de la noche.

Sus labios son suaves,
Sus besos son lentos,
Su toque es tierno,
Sus manos me acarician,
Me besa en los labios
Una o dos veces,
Toca y prueba
Aquí y allá
Y entierra su cara
Entre los mechones
De mi pelo.

Mis labios
Sobre los de él
También participan
Pero con reservaciones.
Me detengo,
No sé qué hacer.
Todo es nuevo
Y la experiencia es confusa.
¿Acaso debo

Hacer algo?
¿Qué pensará de mí
Si hago algo?
Sus labios y los míos
Se encuentran
Pero a un ritmo diferente.
Me desviste
En un instante,
Yo quiero decir No
Pero no me oigo hablar.

Me siento frágil
Entre sus manos
Y la inocencia se pierde
Al anochecer
A principios
De la primavera
Mientras el radio suena.
Todo paso rápido
Y yo sólo pude ver
La silueta de su cara
Entre las sombras.

Me visto
Con la vergüenza, enojo,
Arrepentimiento,
Y preocupación
Instantáneamente
Que la voz se corra
Y mi reputación
Quede por los suelos.
¿Quién iba a pensar
Que el querer unos besos
Acabaría en esto?

La inocencia se pierde
Sin conocimiento
Ni preparación,
Sin conciencia
Del cómo y por qué
Y el proceso
O las consecuencias
Que cambia la vida
En ese momento.

Cuando no hay nadie
Que educa
Ni en quien confiar,
Es difícil entender
O predecir el resultado
De algo tan emotivo
Y es difícil entender
Mi rol en este tema.
La pregunta queda,
¿Soy yo la única mujer
O hay más
Con el mismo problema?

Abril 15, 1983

Sin Piedad

La transparencia
De la lluvia
Hace que te recuerde.
Veo tu rostro
Sereno y amante,
En tu rostro
Se dibuja
Una sonrisa,
Mis ojos
Te dan una mirada
De amargura.

No quiero
Sentimientos falsos,
No quiero
La compasión,
No quiero amor
De lástima
Porque vivir sin amor
Hiere hasta lo más profundo
Y amarga la existencia.

Julio 14, 1983

Días Lluviosos

Qué bonito es caminar
Bajo la llovizna
Del brazo de tu pareja
Compartiendo un paraguas
Haciéndote sentir
Como la princesa
De la novela.

Qué bonitos
Son los ensueños
En días de lluvia,
El trabajo queda a un lado
Viendo las gotas caer,
Los susurros y suspiros
Son sutiles
Y todos vienen
A las ventanas
Para ver lo que pasa afuera.

Qué bonito es decirle
A tus amigos allí
Tus deseos locos
Y lo que te falta.
Qué bonito es ver
Que uno de ellos se para,
Abre la puerta
Y te invita a caminar
Bajo la lluvia con él.

Qué bonito es oír
Las gotas de la lluvia
Caer pesadas en el techo.

Qué bonito es ver
Que se oscurece pronto
Pero saber que estamos seguros
Y que estamos juntos
Viendo como la lluvia
Que empapa las plantas.

Qué bonito es decirle
A tu pareja
Del gusto de oír llover
Con gotas gruesas
Bajo un techo de lámina
Como en tus recuerdos.

Qué bonito es ver
Que tu pareja
Te toma de la mano
Y te dirige afuera
Para oír llover
Dentro del carro.

Las gotas pesadas
Caen sobre la lámina
De un estacionamiento
Cubierto
Y los escalofríos
Son por el frio,
Y las sonrisas
Son por los recuerdos
Y los besos
Son para la pareja
Que te tiene contenta.

Noviembre 22, 1985

EMOCIONES

Palabras aprendidas,
Caras conocidas,
Emociones robadas,
Sentimientos
Aclarados,
Inspiran y provocan.

Aprendo,
Cambio,
Evoluciono.
Según aprendo,
Transciendo
Las normas
Impuestas sobre mí,
Me libero,
En una mariposa
Me convierto.

Muchas Palabras

Muchas palabras
Decimos,
Muchas palabras
Sentimos,
Decimos mucho
O decimos poco
Para proteger
El corazón
De la pena y dolor.

Muchas palabras
Decimos,
Muchas palabras
No queremos decir,
Pero las decimos
Para hacer
A otros felices
Al oír lo deseado.

Muchas palabras
Hieren,
Muchas palabras
Matan los sueños
De aquel
Tratando de ser,
Muchas palabras
Alaban
Y muchas palabras
No dicen
Ni significan nada.

Muchas palabras
Sí sentimos,
Muchas palabras
No decimos,
Por temor al daño,
Mantenemos
Muchas palabras
En la mente
Encerradas.
Muchas palabras
Mantenemos
En nuestras bocas
Calladas.

Febrero 13, 1990

45

Mi Soledad

Buenos días
Mi soledad,
Aquí estoy
Parada ante ti,
Gozando
De tus encantos.

Mi querida
Soledad,
Mi mejor amiga,
Mi fiel compañera,
Complaciente
Y siempre sincera.

Mi soledad,
Nunca me he sentido
Más en compañía
Que viendo fijamente
En la cara
De la nada.
Sí, mi soledad,
Extrañé tus susurros,
Extrañé tus caricias,
Aquí, me siento bien,
Aquí, soy yo misma.

Mi dulce soledad,
Te extrañé tanto.
Por favor –
No digas nada,
Sé que hice mal.

Creí que el amor
Conquistaba todo,
Sin embargo,
A ratos, añoré
Mi aislamiento,
Añoré mi silencio.

Ay, mi soledad,
La que no me defrauda,
La que no me ignora,
La que no me engaña,
En tu compañía
Tengo todo
Y, aquí,
Soy la gran señora.

Julio 31, 1989

Visiones

No sé
Si existo,
Todo lo que veo
Son visiones
De abandono,
La gente
Ya no es igual,
Ya no sonríen,
Sólo fingen,
Ya no saludan,
Palabras en pedazos
Sólo murmullan.

Visiones
De soledad
Mis ojos ven,
Un mundo cruel
Obstinado
A complacer
Su deseo
De hacer mal.
Visiones
De polvo
Y suciedad
Veo
A cada paso,
Visiones
De violencia,
Desamor
Y egoísmo
Entre cada
Aglomeración,

Visiones empañadas
Veo a través
Del cristal diáfano
De mi ventana
Alejada y sombría
Por temor a la compañía.

Visiones
De tragedia,
De lamentos,
De quejas,
De envidias
E indiferencia,
Hoy nadie
Muestra la piedad
O la paciencia,
No hay amor,
No muestran
Tener conciencia.

Visiones
De dolor y penas
Mi corazón siente,
Al ver que nadie
Por otros
Se preocupan
A menos que sea
Práctico
O conveniente.
El alma sufre,
Y la mente
Se destruye
Y nadie ve
O escucha
Las consecuencias.

Visiones,
Visiones,
Eso es lo que son,
No sé
Si es un sueño,
No sé
Si es real,
Por esta,
Mi propia soledad,
Analizo al mundo
Y sus faltas
De amor
En un modo,
Más sutil
Y claro,
Visiones críticas,
Visiones de la vida:
Eso es lo que son.

Marzo 14, 1990

Mi Testamento

Cuando muera,
No quiero
Palabras sin sentido,
Sonrisas de doble filo,
Suspiros,
O llantos fingidos,
Qué todo sea igual,
Tal como era antes,
Tal como lo he vivido.

No quiero
Elogios hipócritas
Llenos de mentiras,
Para hacerme
Ver bien
O para su propio bien.
– Dígase de mí
Y mis rasgos verdaderos;
Fui fiel amiga
Del orgullo
Y la obstinación,
De la vida misma
Y de nadie más.
Quién sepa algo
De mí,
Que alcé la voz
Sin dudas ni temor,
No pierdan la oportunidad
De ser el chismoso
O el esparcidor
De falsedades
O intimidades.

No quiero
Lutos ni velos,
Quiero trajes
Blancos, rojos, y negros,
Siempre con elegancia
Y simpleza;
Blanco
Por lo que ofrecí,
Negro
Por lo que negué,
Y rojo
Por lo disfruté.

Vélenme
Con la música
Que por tantos años
Me hizo feliz,
Cántenle al romance
Y al amor
Que por ellos viví
Y muero con ellos
En el corazón.

No me traigan flores
Que se marchiten
Conmigo,
Mejor cultívenlas
Para una nueva vida,
Para embellecer
La tierra
Y le traigan alegría
A la vista,
Y a mí,
Déjenme tranquila.

Quiero mis cenizas
Conservadas
En un cofre de oro
Donde todos vean,
Donde todos pregunten
Quien yo era
Y quiero mi rostro
Pintado
En miles de retratos
Para no ser olvidada.

Quiero dejarle
Al mundo un legado,
Algo personal,
Un regalo,
Mi mente por escrito,
En palabras,
Párrafos, y páginas
Que escondí
Desde niña.
Quiero mis ideas
Divulgadas,
Tal vez inspire
Algún talento escondido
Y se publique
Y así salvar
Las palabras
Del viento,
Del olvido,
Y de la nada.

No lloren
Por mi partida
Que yo hice lo que quise
Y lo que pude
Y no me pesa

La despedida.
No se peleen
Por lo que dejo atrás,
No es importante
Las cosas materiales
Sino la mentalidad,
Y eso se va conmigo.

A Dios
Le pido perdón
Por las enseñanzas
Que no seguí,
También le pido disculpas
A aquel que ofendí.

Un capítulo nuevo
Comienza,
Seré yo la protagonista
Donde no haya
Disturbios
Ni tristezas
Y la tranquilidad
Siempre exista.

Julio 5, 1990

Arrepentida

La vida se esfuma
En un instante,
Y sólo
Los recuerdos quedan.
Qué triste es
Ver el pasado
Y darse cuenta
Que no hicimos
Lo deseado.
Qué triste es
Ver que la vida
Es un soplido
Regalado
Y no aprovechamos
La alegría
Y el tiempo
Brindado.

Me arrepiento
De no ayudar
O estar presente
Cuando se necesitó.
Me arrepiento
De aceptar
Y dar ofertas
Realmente no sentidas.
Hoy regalamos,
Mañana reprochamos,
Y al día siguiente,
Reclamamos,
Lo poco y mucho,
Que hemos dado.

Aun no aprendo,
Por mis frustraciones,
Maldigo mi vida,
Mi destino,
Mi cuerpo,
Mis amigos
Y todo entremedio.
Después,
Me arrepiento,
Recapacito
Y agradezco
Por todo lo que tengo.

Me arrepiento
De no satisfacer
Mi vida
En el momento
Oportuno,
De no saciar
Mis deseos
En el instante preciso,
Después es tarde
Y todo parece
Indispuesto.

Déjenme sola
Un rato
Para apreciar
Lo que tengo
Y lo que eché al vacío.

Diciembre 5, 1988

51

Sola

Qué nadie
Me tenga lástima,
Qué nadie
Sienta pena por mí,
Yo me sé valer
Por mí misma
Sin pedir nada
De ellos.

Yo lucharé
Por la vida
Y nadie
Me vencerá,
De eso,
Estoy convencida,
Yo tengo
Que demostrarle
Quien me cree
Derrotada,
Que es al contrario,
Ellos sin mí
No hacen nada.

Un día
Me ven sufriendo,
Y al siguiente,
Como si nada,
Sonriendo,
Y no,
No finjo
Lo que siento.

Los fracasos
Y las penas
Los cargo sola.
En el triunfo
Todos me acompañan,
Al nacimiento
Del triunfo
Todos atienden,
Pero al velorio
Y al pésame
Del fracaso
Nadie viene.

Agosto 5, 1984

¿Quién?

Voy por la vida
Preocupada
Buscando la aprobación
De los demás.
Sin embargo,
¿A quién le importa
Mi sufrir?
Todos preguntan
Por costumbre,
¿Cómo estás?
Y, ¿Quién se detiene
A oír la respuesta?

Tengo amigos
Pero cuando
Les llamo,
¿Quién me escucha
Con atención e interés
Como yo lo merezco?
¿Quién me quiere
Comprender
Como yo lo he hecho
Con ellos?

Sé que muchos
Me ven
Y me compadecen,
Pero, ¿Quién siente
Lo que yo?
Critican, pero,
¿Quién me aconseja
O me ayuda?

Si no me puedo
Mover,
¿Quién me ofrece
Su mano
En lugar de criticar,
En lugar de estorbar?
Si no puedo
Articular
Mis pensamientos,
¿Quién quiere tener
La paciencia
De leer mi mente?
¿Quién quiere perder
Un minuto
De su tiempo?

Otros sufren
Por verme sufrir,
Pero sólo yo –
Siento
Lo que hay
En mí,
Y lo que me pasa,
Y lo que hago
Para vivir.
Si lloro
O si estoy triste,
¿Quién mira
Hacia mi adentro
Y me hace sonreír?
Pocos
O nadie,
Tal vez.

Qué nadie
Me llame
Cobarde,
O tonta
O inservible,
Hasta que alguien
Se ponga
En mi lugar
Y vea
Con mis ojos
Y sienta
Con mi corazón
Las injusticias
De la vida.

Febrero 17, 1989

Depresión

Qué diferente
Era hace meses,
De cualquier cosa
Yo reía
Libre y gustosa
De lo que me llegaba.
Era activa
Y llena de energía,
Era hermosa
Y me sentía querida,
Brincaba los días
Tratando
De adelantarme,
Con gusto
Esperaba la vida.

Hoy
Salgo de la cama
Para acabar
En el sofá,
Vivo en el pasado
Y sólo recuerdo
Lo triste,
Lo malo
Y lo inútil.
Mis sonrisas
Son muecas,
Lloro sin razón,
Suspiro y bostezo
Y busco mi aislamiento.

Mi belleza
Desapareció,
Entre más decoro
Mi cara,
Más fea me siento.
No me siento querida
No quiero ver a nadie,
No quiero hablar
Con nadie
Y siempre
Me siento cansada.

La primavera
Ya no significa nada.
Cómo envidio
Las risas en otros,
Y yo no puedo
Ni sonreír,
Pero parece
Que nadie escucha,
Parece que nadie ve,
Parece que a nadie
Le importa
Nada de mí.

Marzo 20, 1990

Entre Caídas

Entre caídas
Triunfo,
Algunos dicen
Que seguido caigo,
Sí, es verdad,
No lo niego,
Aunque me duela,
Forzadamente sonrío
Por mí y por ellos
Para que crean
Que todo está bien.

Una caída,
En cualquier sentido,
Deprime
Pero es la fuerza
Y la voluntad
Que cuenta
Para levantarse
Y seguir
—Y yo no paro.

Una caída
Es un paso hacia atrás,
Y dos hacia adelante.
Quien seguido cae,
Mandamos al mundo
Porque somos nosotros
Quien hace cambios
Para una vida mejor
Y un mejor mañana.

Yo no quiero
Compasión,
Sólo quiero
Que alguien
Esté allí
Y oiga mi dolor,
O, simplemente,
Que no me estorben,
Para cuando me caiga,
Tenga bastante lugar
Donde aterrizar.

Julio 9, 1985

Voy A Ganar

Yo voy a ganar,
Ganaré la pelea,
Venceré
Las probabilidades,
La guerra final
Estará a mi favor,
Todo quedará
A mi comando,
Y todo mal
Me pedirá perdón.

Yo voy a ganar,
Lo juro,
Vencedora seré,
A mí llegarán
Y yo les atenderé,
Pero dondequiera
Que voltee,
En lugar de querer,
Me querrán.

Mi meta
Haré cumplida
Cuando yo esté
En la cima del éxito
Viendo hacia abajo
Quien estuvo
Más alto de mi nivel.

Yo triunfaré,
Lo tengo que hacer,
Yo sola,
No necesito

De nadie más.
Yo tengo la potencia
Para forjar las metas
Y completarlas si quisiera.

La pobreza acabaré,
El que quiera,
Me sigue,
Y el que no,
Allí donde desee,
Le dejaré.

La niñez
Tendrá felicidad,
Nada se les opacará,
A la vejez
Nada le faltará
Pues yo todo
A la mano le tendré.

No sé cómo
Ni cuando,
Pero todo lo lograré
Con sacrificios
Y noches de desvelo
Y días de mal comer.
Que importa todo eso
Si el resultado
Será espléndido.

Triunfaré,
Ya lo verán,
A nada tengo miedo.
Claro, por supuesto,
Todo lo desagradable
Lo dejo atrás.

Triunfaré, ganaré,
Dudas no hay
Que yo,
Sola y para mí, venceré.
Esperen
Con paciencia,
Pronto
Lo podrán observar,
Mi sueño,
Con seguridad,
Un día llegará.

Yo sola lo lograré,
Cuando acabe,
Sonreiré
Llena
De satisfacción,
Y la mano daré
Para que alguien
Siga mis pasos,
Para mí,
Es un privilegio,
Es orgullo,
Es satisfacción,
De mente
Y espíritu.

Julio 11, 1984

Yo

Es bueno conocerse
Por dentro
Y por fuera,
Conocer las debilidades
Y fortalezas,
Saber lo que gusta,
Lo que duele y molesta,
Lo que se quiere
Y se busca,
Lo que se sueña,
Y se espera,
Lo que se respeta
O se tolera.

En mi trabajo,
Soy valiente
Y atrevida,
Y un poco filósofa,
Un poco cuerda
Y un poco loca.
Soy creativa,
Auto analítica,
Perfeccionista,
Decidida,
Romántica,
Soñadora,
Realista y fantasiosa
Y, ¿por qué no?
También obstinada
Y caprichosa.

Soy observadora
E intuitiva,
Con los amigos
Soy sincera y directa,
Doy mi opinión,
A veces exagerada,
Honesta y deliberada
Sin temor de ofender
O perder cosas
Porque sé que se aprecia
Y se respeta.
A veces callo
Lo que sé y lo que veo
Porque ofendo
Si no miento.

Soy maternal
Y protectora,
Soy fiel y discreta,
Conciliadora
Y consejera.
Soy exigente,
Mandona pero justa
Y actúo con prudencia.
Soy amistosa
Y confiada,
Hago todo
Por las amigas
Y soy amiga
De por vida
Y aunque me enojan,
Los defiendo,
Los ayudo
Y los abrigo.

Estoy siempre lista
Para ayudar
Y para enseñar.
Trato de perdonar
Y olvidar
Cuando alguien
Me hace mal,
Pues sé que yo también
Hago mal.

Soy sarcástica
Y cínica,
Cuando los comentarios
Me lastiman.
Soy bondadosa
Y a ratos malvada
Pero mis acciones
Son justificadas
Porque es respuesta
A sus actos.
Domino
Mis sentimientos
Cuando me atacan,
Controlo mi reacción
Cuando el problema
Es fuerte
Y esperan
Que yo me deshaga.

Soy fuerte y rebelde
Y alzo mi voz
Para defender
A los demás.
Cuando el ataque
Es personal,
Me quedo callada

Y me hago al lado
Para no agravar
La situación.

Busco el silencio
Y la soledad
Para meditar en mi vida,
En mis problemas
O tristezas
Y quedar en paz
Conmigo misma.
Soy débil
En ambiente extraño,
En medio
De mis frustraciones
Me siento sola,
Y llorando
Desahogo mi alma.
A veces pregunto,
¿Por qué yo?
Aunque sé
Que todos tenemos algo
Que no cuadra.

De mi persona
Soy orgullosa,
Un poco creída,
En mi espejo
Me veo hermosa
Y de mi apariencia
Soy arrogante
Y al hablar
Soy distinguida.
En mis características,
Soy seria pero alegre,
Soy callada,

Sentimental, tímida,
Soy noble, paciente,
Considerada, piadosa
Y comprensiva.

Sé que mis virtudes
Lejos me llevarán.
Modestamente,
Me considero superior
En la inteligencia
Más, a veces,
Me siento inadecuada
Dependiendo
En la situación
Y en la actitud
De la gente.

Estoy consciente
De mis defectos
Pero sigo
Siempre adelante.
Me levanto más fuerte
De cada caída
Y, a pesar de todo,
Yo me creo alegre
E independiente.
En mi vida adolescente
Vivía acomplejada,
Pero ahora, resignada,
Vivo sonriente.
Estoy contenta
Conmigo misma
No importa que suceda.
Bromeo de mí misma
Y de mis fallas
Porque es más fácil

Oírlo de mí
Antes que de otras bocas.

Me gusta la rutina
Y la estabilidad
Pero también
Soy espontánea
Y divertida.
No soy angelito,
Ni santa, ni santurrona,
Soy caritativa
Y egoísta,
Compleja y simplista.
Soy como todos,
Buena y mala,
Pero no soy vengativa
O rencorosa
Y no tengo envidia.

Me gusta la gente
Respetuosa
Y sencilla,
Alegre pero tranquila
Que recapacita
Y mejora
En los pasos de su vida.
Cuando escucho,
Cuando actúo,
Trato de ponerme
En su lugar
Para sentir
Y ver la vida
De su punto de vista.

Yo no acepto
Lo que no doy;
Las mentiras,
Los chismes
O la hipocresía.
Tampoco acepto
Traiciones
A mi confianza
Y críticas a mi espalda.

Yo que a nada temo,
Temo a la vejez
En la soledad
Y en el olvido.
Me creo líder y dirijo
Pero al final,
Sin quejas
A todos sigo.
He cambiado
Con los tiempos
Y las experiencias
Pero espero
Que siempre
Haga lo mejor
No importa con quien
O las razones de ser.

Abril 14, 1989

La Fuga

Ella se fugó
Con el novio,
Yo me metí en problemas,
Ella no obedeció,
Y yo salí responsable
De su esquema.

Ella ya es libre
De hacer e ir
A donde sea
Pero a mí me tienen
Bajo vigilancia
Y me ponen
Límites y reglas.

Ella se fugó
Y yo recibí la bofetada,
A ella la perdonaron
Pero yo tuve los regaños.

Los viejos lloraron
Del dolor y decepción
Que se fugó y defraudó
Su confianza
Pero yo tuve
La advertencia
Y el castigo.

Yo oí los dos lados,
Fui mensajera
Y mediadora
E hice lo mejor

Para reunirlos.
Ella hizo las paces
Con los viejos
Pero se olvidaron
O no lo quieren ver
Que mi intervención
Les ayudó
Y para mí
Todo empeoró

Ella regresó a su puesto,
Es, otra vez,
La hija cariñosa y buena
Y con un palo grande
Ordena, exige y condena.

Ella está en lo alto
De su puesto
Y yo tengo problemas,
Ella está de su parte
Y ellos están con ella,
Pero yo no tengo estatus,
Control ni fuerza.

Ella se convirtió
En los ojos de los viejos
Y con autoridad
Usa su boca
Para juzgar mis actos
Como si ella fuera
Pura e inocente.
Pero es imperfecta
Como yo
O hasta peor.

La ayudé
Y la apoyé,
Ella era especial
Para mí
Pero ahora sólo ve
Lo que quiere
Y lo que hago mal.
No ve
Más allá de su nariz,
Ya no se acuerda
De lo que hizo,
Olvidó sus pecados,
Salió muy buena actriz.

Ella pudo haberme
Ofrecido ayuda,
O por lo menos,
Pudo haber dicho
Algo significativo
Para hacer mi estancia
Menos tensa
Pero callada se quedó,
A distancia y severa
Pero cuando
Llegó el momento,
Estuvo lista
Con la agresión.

Parece que el matrimonio
Limpia el cuerpo,
El comportamiento,
La mente y la boca
De los que pecan.
Parece que el matrimonio
Hace a cuál pecador
Mejor que los demás

Y, tal vez,
El matrimonio
Y los hijos
Causan amnesia
Pues el pecador olvida
Todo lo que hizo
En sus días de juventud
Pero siempre
Hay alguien
Que todo recuerda.

No me den
El cuento corto
O incompleto,
Los conozco bien
Y sé lo que hicieron.
No tengo miedo
De hablar
Y hacer aclaraciones.
Los recuerdos perdidos
Frecuente
Se hallan en los ojos
De mis más grandes
Críticos
Que fingen ser honorables.

Diciembre 20, 1986

Admisión

La vigilancia
Era continua,
La interrogación
Era frecuente y directa,
El criterio, los regaños
Y las quejas
Siempre estaban
En la punta de la lengua,
Las amenazas
Y advertencias
Eran conflictivas
Pero inciertas,
Y la oferta de ayudar,
Oír o aconsejar
Siempre faltó.
La confianza
Para preguntar
O desahogarme
Nunca existió.

Mi vida personal
La mantuve secreta
Aunque fue parte
Y razón de las quejas
Pero nadie vive
Una vida al descubierto
Ni al gusto ajeno.
Viví una vida
Fingiendo inocencia,
Integridad y obediencia
Para las reglas calladas
Que no fueron dichas

O explicadas
Pero se entendieron
De igual manera.
La debilidad y el amor
Me hicieron pecar,
Fallé y fallé en grande.
Fallé y mi secreto
Pronto será expuesto.

Ya no puedo más,
Quiero desahogarme
Y ser franca.
Para evitar doble regaño,
Reúno a los reyes
Para darles la noticia
O la mala sorpresa,
Les confieso y admito
De mi gran pecado.
Rompí el espejismo
De honor y respeto
A las tradiciones,
Costumbres y linaje.

Lloro de temor,
Culpabilidad y vergüenza,
Lloro sin consuelo
Pero ya no cargo
Los secretos
En mi cabeza.
Temía el repudio,
Temía la violencia
Pero nunca sospeché
Que el señor rey,
Enérgico e impredecible,
Me apoyaría.

Me llueven
Las interrogaciones
Pero las lágrimas
No me dejan hablar
Y el rey me defiende
Contra ella.
Me protege de preguntas
Y comentarios,
Me protege
Del látigo verbal
Que arremete,
Me protege
De exigencias
Y explicaciones
Que no le puedo dar.

Todos castigan
En vergüenza
El nombre de la familia,
Todos rompen
Las tradiciones
Y expectativas
Pero, en sus ojos,
Mis actos
Son indecibles
Y tienen mala vista.

Me duele ver
La decepción
Que les causaba
Y el enojo en su cara
Pero el tener un hijo
Fuera del matrimonio
No es nada malo.
Me señalan con el dedo,
Lo sé,

Pues es un crimen
Declarado por la ley
Que protege al macho,
Es una falla
Declarada por la sociedad
Que nunca se calla,
Y la iglesia
Nos lava el cerebro
Inventándose
Virtudes y pecados,
Cielos e infiernos
Para tenernos aterrados.

Sé que seré el tema
De las murmuraciones
Por largo tiempo.
No soy la única
Pecadora,
Pero, por ser mujer,
Cargo con el peso
De la culpa, la vergüenza
Y el pecado
Como una cruz al costado
Mientras los varones
Esconden sus fechorías
Y sus pecados
En la suela de los zapatos.

Octubre 30, 1990

EDUCACIÓN

Libros,
Papel y pluma
Son el fundamento
Para entender la vida
Pero el papel y pluma
Son los materiales
Más importantes
Para dejar tu legacía.

La educación
Está por doquier,
La gente
Son como las yerbas
Con secretos
Que alimentan.
Todos tenemos
El potencial y la belleza,
Todos somos
Estudiantes y maestros.

La Educadora

Por tu paciencia
Al enseñar,
He aprendido mucho.
Lo que me era
Indiferente,
Ahora leo
Con gran gusto.
Tus lecciones
Me han abierto la mente
A otras ideas,
A otras opiniones,
Y a todo autor,
Respeto justamente.

Las críticas que hacías
De manera positiva,
Me hacen aprender más.
A veces, respondía
Equívocamente,
Pero tú lo disfrazabas.
Tus explicaciones,
Claras y concisas,
Surgen
Con la naturaleza precisa,
Atraídas
Por una mirada tierna
Y una bella sonrisa.

Tu interés
Y amistad sincera
Me acercaron a ti.
Como persona y maestra,

El alma entregas,
Lo que en mi pensar,
Te hace mejor
Que los demás.
Me gusta aprender de ti.
Eres sensible a mis faltas,
Y entiendes
Mis pensamientos
Sin mucho que decir.

Como pájaro,
Que reparte alegría,
Así tú,
Derramas a gotas
Tu sabiduría
Sobre cada mente
Con gusto y harmonía.
Tu enseñanza
Es incondicional
Y no esperas
Recompensas
Para darle al mundo
Lo fundamental.

En ti,
La maestría
Es una vocación.
Siembras la semilla
Del aprendizaje
En cada uno,
Lo cual provee
La erudición
Del mañana,
Lo que tú, hoy,
Inspiras confiada.

Tu mensaje,
Con insistencia,
Está clavado
En mi mente—
Salvar la inteligencia
De la destructiva
Ignorancia.
Maestra hoy,
Maestra siempre,
Difícil,
Pero gratificador.
Tu trabajo siempre
Es de satisfacción.
Tú eres la perfección
Para quien a ti llegue,
Encontrando en ti
Las palabras de aliento.

Cuando veas
Su mentalidad
Desarrollar,
Siéntete orgullosa,
Pues lo mereces.
Por todo
Lo que has hecho,
Y harás,
Debes sentirte bien,
Pues pocos son como tú,
Y porque la educación
Es maravillosa.

Mayo 16, 1989

De Ayer A Mañana

He pasado mi vida
Probándome
A los demás
A pesar que todo
Me impedían
Las críticas,
Por mis impulsos
Hice algo beneficioso
Únicamente para mí,
Educarme.

Me quedé
En el encierro
Silencioso
Por muchos años
Buscando entre libros
Las palabras que llenaran
El deseo insaciable
De la sabiduría.

A una meta más
He llegado.
Hoy me recibo,
Mi sueño a la mitad
Está cumplido.
Mis sueños de ayer,
Mañana serán realizados.
Hoy me recibo,
Cuánto orgullo para mí,
Cuánta emoción esto es,
Pero aún
No estoy satisfecha,

Reconozco que hay
Un camino
Largo por recorrer.
La verdadera satisfacción
Llegará, poco a poco,
Después.

Me eduqué
Con la firmeza
De ser mejor que antes.
Aunque a veces,
Las dudas llegaban,
Sabía
Que debía continuar,
Sabía que mis talentos
Eran excepcionales
Y de gran ayuda
Para formar mi futuro.

Sacrifiqué
Noches alegres,
Tardes divertidas,
Y días festivos,
Encerrada
Con mis libros
Por obligación
Y propio gusto.
Mientras
El mundo rodaba
A mí alrededor,
Yo distraída suspiraba,
Y volvía a mi rutina
De la interminable
Lectura.

Perdí amigos
A través de los años,
Por pequeñeces,
Ignorancia
Y malos entendidos,
Yo prefería
Mis estudios,
Ellos escogieron
Un rato de regocijo.
No comprendían
La importancia
De mis deberes escolares,
Yo no concebía
Sus vidas inútiles
Perdiendo el tiempo,
Su vida,
Y sus mentes.

Me eduqué
Para darle luz
A mi ignorancia,
Para salvar
Mi inteligencia,
Y aunque, me enojaba
Por no poder
Divertirme
Como los otros,
Dios volvía a darme
El consuelo
Y la paciencia
Para seguir mi rutina.

Cegada
Por la ambición
Del saber,
Entre letras y términos,

Aprendí a cultivar
La incertidumbre,
Entre esto y aquello
Aprendí a respetar
Ideas, palabras
Y hasta los pensamientos
Mas absurdos.

Esa ventana
Que estuvo cerrada
En el silencio,
Ahora la abro
Al alegre bullicio,
Ya no me preocupa
El alboroto de la gente.
Tengo el título
Que merezco
Aquí en mis manos.
Lo otro,
Ya no me importa,
Mi futuro ya llegó,
Mi futuro ya está aquí.

Obtengo mi título,
En recompensa
A las noches de desvelo
Y días de mal comer.
Me otorgan
La satisfacción
De llamarme un
Intelectual,
Quien nunca se resignó
Ante ninguna dificultad.

La fe y los sacrificios
Se pagan hoy,
Gracias a Dios
Y a los pocos
Por su confianza.
Segura de mí, digo,
Lo que ayer
Bien aprendí,
Mañana,
Lo pondré en práctica.

Mayo 21, 1988

Una Maestra

Quería ser líder,
Deseaba ser
Un ejemplo
Positivo.
En silencio,
Suplicaba ser
La inspiración
Y soñaba
Con poder cambiar
Una vida.

Ambicionaba
El respeto
Y admiración,
Anhelaba ser
Alguien especial
Quien tiene voz
Para compartir.
Rogaba
Que me tomaran
En cuenta
Y necesitaba dejar
Rasgos de mí
Donde tocara tierra.

Buscaba
El agradecimiento
En una sonrisa,
Pedía ser
La heroína
De la historia
Y salvar

La mentalidad
De quien fuera,
Así que decidí
Ser una maestra,
– Una maestra
De una vida ordinaria.

Quería enseñar
A través
De lo que yo he vivido
Y ser el ejemplo
De lo que funcionó
O ha fracasado.
Quería evitarles
Las caídas
Como yo caí
Tantas veces antes,
Así que agarré
La pluma y papel
Y empecé a escribir
Mis filosofías
Y mis versos.

Julio 11, 1990

Entre Los Libros

Soy aprendiz
Por los libros escolares
Y mis clases,
Por las calles
Y los incidentes,
Y por las reuniones
Sociales y familiares.
Soy aprendiz,
No importa que hago
O a donde voy,
Pero soy aprendiz
Y maestra también.

Entre los libros,
Abiertos o cerrados,
Experimento
Las altas y las bajas,
Lo permisible
Y lo prohibido,
La diversión
Y la tristeza,
Los momentos de paz
Y episodios de guerras.
Me siento querida,
Sin amor y desamorizada,
Es un ciclo
Y una rutina,
Entre los libros,
Aprendo y maduro,
Entre los libros,
Me he hice un adulto.

Me levanto
De madrugada
Y ya cansada
Haciendo tanta tarea
Que no se acaba.
Me arreglo,
Me pongo bonita
Y con un cerrón de puerta,
Bajo corriendo
La escalera,
Salgo de prisa
Pero mis pies
Se enredan.

Entre hileras
De apartamentos,
Hay que abrir y cerrar
Varios portones
Y dar muchas vueltas
Pero a la escuela
Me voy.
Cabizbaja
Camino por la calle,
Me encandila el sol
Siempre en mis ojos.
Mi mochila pesada
Al hombro
Me hace perder
El equilibrio
Pero de algún modo,
Me sostengo
Y sigo mi camino,
No puedo darme el lujo
De llegar tarde.

Cruzo la calle
Por el medio
Cautelosamente,
Para ahorrar tiempo
Y muchos pasos.
Subo y bajo
El divisor central
Tan rápido
Como puedo
Pero cada vez,
Se me hace todo
Más complicado.
Cómo quisiera
Que hubiera
Postes de metal
De los dos lados
Para facilitarme
Al cruzar.

Pasa el tráfico
Y mientras espero
Para cruzar,
Alguien me llama
Por mi nombre,
Oigo el claxon,
Piropos y silbidos
Por coquetería
Y aprobación,
Y, aunque sea
Por un momento,
Me hacen sonreír
Que alguien me nota
Aunque sea de lejos
Pero me enoja
Que nadie se para
Para darme un aventón.

Por fin,
Llego a mi clase
Lista para la siesta,
Pues por más que quiero,
No puedo
Mantenerme despierta.
La voz monótona
Del maestro
Me lleva a un trance,
Me paso la hora
Con los ojos
Entrecerrados
Aunque el tema
Parece interesante.

Es lo mismo
En todas mis clases,
Tomar notas,
Leer libros,
Dar presentaciones
Oral y por escrito
Pero a las matemáticas
No me gustan.
La clase
Que me fascinó
Fue de creatividad
En la escritura,
Allí, si iba con gusto
Y sin falta.

Me apresuro
De un lugar a otro,
Camino todo el día,
Me apresuro
Para mi siguiente clase
Pero siempre llego tarde.

La vida colegial
Es estresante
Y un fastidio,
Sueño con el día
Que tenga mi oficina
En casa
Y me la pase escribiendo
Por la inspiración
Que veo afuera
Por una ventana.

Camino todo el año,
En tiempos de lluvia,
Acabo empapada,
En días de aire,
Los ventarrones
Me jalan
Y me avientan
Y yo me siento
Vulnerable.
En tiempos de calor,
No hay donde
Esconderme del sol
Que pega fuerte
Y daña la piel
Y en tiempos
De frio intenso,
Mis huesos
Son más frágiles
Y rígidos
De lo que pienso.
El frio intenso
Me pesa al moverme
Y me irrita
Tener que caminar
Cuando no puedo.

Cómo quisiera tener
Un convertible pequeñito
Que cupiera en todas partes
Para evitar los problemas
Del ambiente.

A veces como algo
En la cafetería
Pero a veces
No hay tiempo
O no hay dinero.
De regreso a casa,
Camino lento
Y siento un dolor
En el lado
De aire o de hambre,
Para hacer las cosas peor,
Entre los pasos,
Me invento recetas
Para cocinar
Cuando llegue.

Cuento los pasos
A ver si pronto llego,
Cuento los minutos
Para prender la televisión,
Disfrutar de mi asiento,
Relajarme
Y dormir un rato.
Mientras camino,
Me cuento historias
Que me hacen reír
Pero tozo para disimular
Para la gente
Que me puede ver
Por sus ventanas.

A veces
Me cansa más
Caminar de regreso
A casa
Que caminar
En la escuela
O tal vez,
Todo se me junta
Pero me detengo
Para respirar.
Volteo a ver
Lo que he recorrido
Para llegar
A mi apartamento
Y sentirme protegida
En mi elemento.

Pasa otro día
Y semana,
Otro mes
Y año,
Vengo a casa
Y en mi mesa
Veo plumas
Y marcadores,
Notas a mano
Y cuadernos.
Algunos libros
Están abiertos
Y otros cerrados,
Un montón alto
Contra la pared.

Parece que hice
Una colección de textos,
Parece que los libros

Me dicen
Que entre las paginas
Y cada uno de los libros
Donde estudié
Están los problemas
Vividos
Como mujer,
Como estudiante,
Como amiga
Y como miembro
De la familia.
Parece que los recuerdos
Cobran vida
Con tan sólo verlos.

Entre los libros,
Las clases y las tareas
Está mi vida,
Simple,
Pero complicada,
Por los personajes
Que contribuyen
O crean incidentes
Y situaciones
Que temía
O no esperaba.

Entre las paginas
De los libros que leo,
Encontré inspiración
Y fuerza
Para verme
Y dar el siguiente paso.

Mayo 1, 1990

Diploma

La graduación llega
Con cierta pena
Del, ¿Ahora qué?
Y surgen limitaciones,
Complicaciones
Y muchas dudas
De mi persona.

Veo el diploma
En mis manos
Y veo lo que significa,
Me recuerda
Que mi galán
Me acompañó
Por la pasarela
Para tener el diploma
Porque mi cuerpo
No funciona
En eventos sociales
O al aire libre.
El diploma
Está allí
Para colgarlo y decorar
La pared vacía,
Es para recordar
Todo el ruido
De aplausos,
Aclamaciones,
Y apretones de manos
Y voces felices
En aprobación
De lo logrado.

El diploma
Es para recordarme
Quien soy yo
Y lo que quería,
Está allí
Para recordarme
De las batallas
Y los sueños,
Y de qué tan lejos vengo
Y que tan lejos
Puedo ir.

Es un recordatorio
Del hambre y sed,
De la soledad,
La plenitud
Y la nada.
Es un recordatorio
De las preocupaciones
De todo,
De la risa que solté
En momentos
De tranquilidad
Y de las lagrimas
Que derramé
Cuando me sentí
Derrotada.

Es un recordatorio
De las prisas
De un lugar a otro
Y de una cosa a otra
Y como el tiempo
Se detenía
Cuando yo quería
Que acabara.

Es un recordatorio
Del sobrecargo
De la mente
Y los dolores
De cabeza que tenía.
Es un recordatorio
De las veces
Que mi cuerpo
No podía funcionar
Pero mi mente
Me empujaba
A arriba y afuera
Y cuando mi mente
Se daba por vencida,
Mi cuerpo estaba listo
Para saltar.

El diploma
Me recuerda
De las experiencias,
Malas, penosas,
Felices y buenas.
Es un recordatorio
De mis debilidades,
Mis caprichos
Y mis derrotas.
Es un recordatorio
De la persistencia,
De lo que logré
Y la valentía
Para enfrentar
La incertidumbre.

El diploma
Es un recordatorio
De todas las amistades

Que hice y perdí
Pero su compañía
Y sus palabras
Enriquecieron mi vida.
El diploma
Es un recordatorio
Y prueba
Que algunos maestros
Pusieron atención
Y mostraron interés
En mis puntos fuertes.
Su animó
Hizo la diferencia
Para que yo viera,
Lo que era
Un pasatiempo,
Se puede convertir
En una profesión.
El diploma está allí
Como prueba
Del conocimiento
Social y académico
Que obtuve
Pero, ¡a qué gran costo!

Diciembre 7, 1990

RECORDACIÓN

La historia
Y las culturas mixtas
Son avivadas
Por las tradiciones
De una vida pasada
Que se recuerdan
Con placer
Y añoranza.

Debe haber
Recordación en adelante.
Nuestros pasos,
Nuestras acciones,
Nuestras palabras
Deben mostrar
Orgullo y respeto
De nuestras raíces
Y para la nueva cultura
Que se ha hecho
Para que las generaciones
Nuevas
Puedan sobresalir.

Enemigos De Raza

Entre más me lastimes,
Más fuerte soy,
Eso es un hecho
De la vida.
Una vez, fui vulnerable
Pero hoy,
Soy de mente estable.

Por favor,
No lo escondas,
Sé que te disgusto,
Me toleras
Por compasión,
Pero tu indiferencia
Ante mis ojos
Te hace inferior,
Tu supremacía
Es sólo temor escondido.

Tengo una mezcla
De sangre,
¿Acaso tú no?
Yo soy parte indígena,
Y orgulloso
De mi herencia.
¿Tú eres puro totalmente?
¿Estás orgulloso
De tu herencia
Como yo estoy de la mía?

Estoy orgulloso
De mi origen,
Yo no olvido

Mi cultura,
Ni me escondo
Tras un nombre falso.
No me digas
Que eres mejor,
Demuéstramelo
Con tus actos
Y con tus pensamientos.
Demuéstramelo
Cuando otros
Tengan tu aceptación
Y respeto.
Cuando otros se sientan
Igual a ti,
También tú
Serás respetado.

En un descuido
Me quitaste mis tierras,
Pero nunca
Mi dignidad,
Me crees esclavo
Porque soy pacifista,
Pero si lo piensas,
Mi comando es más fuerte
Pues tú vives
Con el temor constante
De mi rebelión.

Llegué aquí
Como un emigrante
En mi propia tierra
De un continente,
La tierra
De mis ancestros.
Tú cruzaste barreras

Y mares
Para llegar a tu destino.
Invadiste mis tierras,
Te robaste mis bienes
Dominaste a mi gente
Con látigos,
Balas y tu biblia.
Ahora, trabajo para ti
Y tú me maltratas.
¿Tú lo aceptarías
Si estuvieras
En mi lugar?

Me discriminas,
Hasta que yo
Te ponga el alto
Con el poder
De mis palabras
Y la fuerza
De mi puñal.
Entonces sabrás
Que yo soy primero
Y después.
Llorarás arrepentido
Cuando te veas
Vencido
Pero yo no escucharé
Tus suplicas
Como tú lo haces conmigo.

El racismo
Es mentalidad inmadura
Atemorizada
De perder el lugar
Que nunca has tenido.
Tu sangre

No te hace mejor
Pero te da el temor
Que con un paso
Yo esté adelante
Y es temor a perder
El lugar robado.
Tienes miedo
De perder tu dominio
Que has ganado
Con mi sudor,
Mis lágrimas, mi sangre
Y mis tierras.

Mantienes a mi raza
Prohibida
De la educación
Y libertad
Mientras tú ganas
De mi pobreza.
Si tienes que mantener
A las masas
Calladas y humildes,
Entonces,
Tu tonta mentalidad
Muestra
Que no eres tan vivo
Como se percibe.

Piensa
En las consecuencias
De tu discriminación,
Y ponle un alto
Mientras estés
En control
Porque, un día,
Tal vez pronto,

Los aires estén contra ti
Y te verás en el suelo
Entonces,
Tú serás el sufrido,
El despreciado
Y en la minoría, ignorado.

Sé un ejemplo
De bienestar,
Que se diga la verdad
De tus antepasados,
Y busca la paz
Y la igualdad
Para todos los hijos
Antes que sea tarde.

Mayo 3, 1989

Mi Ciudad

En mi ciudad,
Las señoras,
Con su reboso,
Son de cultura
Distinguida,
Y los hombres,
Con su sombrero,
Son grandes
Caballeros.
Han construido
Ciudades
Con sudor y sangre.

Mi ciudad hermosa,
Hecha
Por siglos atrás,
Mezcla de culturas,
Razas y lenguas,
También eres joven,
Alegre y distinguida.

Se revela
Ante el pasado
Que se extingue.
Tu velocidad
En el camino
De cada día
Se nota y se siente,
Pero a la vez se mantiene
El paso lento de la vida
En cómo la gente
Disfruta, pero no se vence.

Mi ciudad,
De noche parece día
Con tan iluminadas
Bulevares,
Autopistas y avenidas.

Mi ciudad
Se luce de noche,
Y se pone un antifaz,
Lista para todo
Lo que vendrá,
Cada amanecer
Trae nueva esperanza
De una mejor vida.

Agosto 9, 1983

Mis Dos Naciones

Soy chicano,
Hijo
De dos países,
Soy de dos culturas,
Tengo dos lenguas
Mezcladas,
A México pertenezco
De alma y corazón,
Aquí, por elección.

Tengo herencia
Mexicana,
En mis venas
Hay sangre mestiza,
Donde la pena corre libre
Pero es compasiva.
Mi raza es valiente,
Aunque es humillada
Por los gringos
Que me hacen mal
Y México
Que me cree extranjero.
Sembramos
Sin cosechar,
Somos rechazados
Aquí y allá,
A dos países les pruebo,
Que conozco
Las dos culturas
Y soy mejor que ellos.

En los rincones
De mi casa,
La careta se me cae,
Me desahogo
Y canto la crónica
De mi vida y mi raza.
Me educó
Una mano amiga,
Pues a mi padre,
Muchas veces
He acompañado
Y con gusto
Labramos los campos
Que nos alimenta
Los sueños.

Soy indígena,
Moreno, quemado
Por tanto sol,
Mi cuerpo sufre
El cambio de los tiempos
Trabajando
Las tierras ajenas
Regadas con el llanto
De mis lamentos.

En cada pedazo
De tierra
He dejado mi vida.
Nos hemos esparcido
Por todas las tierras
Del norte
Y enraizamos descendientes
Entre los dos mares
Y bordes.
Nos damos el soporte

Necesario
Para empezar cada día
Porque nadie nos ve
Ni nos oye.

Queremos posesión
De lo que fue
Nuestro un día.
Trabajamos la tierra
Con orgullo
Y dedicación,
Viendo el fruto,
Que alimentará
Nuestro corazón,
Crecer y esparcirse
Por otras tierras.

Este es el confín
De mi confesión
Contra aquellos
Que viven
En mis dos países,
— Mi nación.
Hoy y siempre,
Lucharé con aquellos.
Por mi gente,
Me reconciliaré con ellos.
El sacrificio voy a prosperar.
Mis hijos tendrán
Lo que yo soñé.

Marzo 10, 1983

DEDICACIONES

No importa
Qué tan serias
O fuertes,
Duraderas o cercanas,
Las relaciones
Me han hecho
Quien soy.

Agradezco
Por cada una de estas
Pues al enseñar,
Aprendí,
Sin saberlo,
Que todos buscamos
Reconocimiento.

Las Amistades

Las amistades surgen
Con cual persona,
En cual lugar,
Por cual razón,
En cual momento
Y para cual
Período de tiempo.

Algunas amistades
Son fuertes
Y te hacen ver
Lo mejor de ti.
Con pocas palabras
Levantan
Tu autoestima,
Se quedan contigo
Y te ven
A través de tus puntos
Altos y bajos
De angustias y caprichos,
Fracasos, recompensas
Y tus miserias.

Las amistades
Vienen y van
Pero algunas
Permanecen
En los recuerdos
Porque,
En un modo especial,
Han contribuido
A hacerte quién eres.

Las amistades
Verdaderas
Escuchan y observan
Como desconocidos
Pero empujan
Y animan
Como parte
De ti mismo
Y te dan
Su punto de vista
A los problemas.

Las amistades
Verdaderas
No nos dejan deseando
Que nos hayan
Escuchado
Y animado.
No nos dejan deseando
Que nos hayan dicho
Los errores
De nuestras elecciones.
No nos dejan deseando
Que nos hayan dado
La fuerza y lógica
Que nos fomentaban.

Diciembre 15, 1990

María

María,
Mujer de piel blanca,
Tus ojos
Son dos astros,
Tu rostro
Refleja harmonía,
Tu sonrisa es dulce,
Y tu risa
Libre se luce.

Admiro
Tu sencillez,
Respeto
Tu nobleza,
Eres mujer fuerte,
Ante la frustración,
A la misma vez,
Sensible
Y sentimental
Ante el amor.
Eres mujer
Y chiquilla,
Sofisticada
Y sencilla,
Frívola, dominante
Y buena,
En tu corazón,
El cariño
Está siempre latente.

Sin bacilar,
Tomas cargo
De lo que te rodea
Y lo que ves
Ante ti presente.
Ofreces
Tu mano franca
Que, de tanto
Problema,
No tienes abasto.
Eres especial,
Te convertiste
En un ángel
Y dictador de mis actos,
Te agradezco
Por cuidar de mí
A cada momento.

María,
Mujer romántica,
Sentimental poetisa,
Se realizarán
Todos tus sueños,
Cuida de ti siempre
El Dios eterno.

Abril 3, 1983

Fuimos Amigas

Te ayudé
Antes que lo pidieras,
Te ofrecí
Lo que tenía
Antes que lo necesitaras,
Te abrí mi casa
Y corazón,
Expuse mi vida,
Y arriesgué
Todo lo que tenía.
Ahora me haces
A un lado,
Como cual desconocida.

Te creía
Amiga fiel
En las buenas
Y en las malas,
Juntas o por los amores
Un poco separadas,
Pero no,
Eres simplemente
De barro y hiel.

Te protegí
Y te defendí
Como a una niña
Desamparada,
Yo de ti
No esperé nada,
Sólo te escuchaba,
Te di mis consejos

Pensando en tu bien
Cuando tú
No podías ni pensar.

Te darás cuenta,
De todas tus amistades,
Yo te tendí la mano,
Siempre
Y a todo dispuesta,
En tus problemas,
Sin dudar,
Por ser mi amiga
De años atrás.

En todo este enredo
Yo no pierdo,
Estoy tranquila,
Al ayudarte
Le hice un favor
Al mundo
Y cuidé de ti
Sin miedos.

Te di todo
A mi alcance
Y ahora
Que ya no me necesitas,
Me arrojas,
Cual pañuelo
Desechable.
Te di lo mejor de mí,
Quise verte siempre feliz.
Ahora me pagas
Con traición
Criticando como soy.
Fue de gran sorpresa

Saber que hablas
Mal de mí.
No me pidas perdón
Por la pena o piedad,
Por esta experiencia
Conozco mejor
A la humanidad.
Te deseo lo mejor,
Si un hombre
Puede romper
Nuestra amistad,
Ya no me preocupa.
Yo hice todo
Lo que pude
Y tú,
Mejor que nadie,
Lo sabrás.

Después de tanto
Defenderte
Y protegerte,
Me ignoras,
Me criticas
Y, hasta según dicen,
Me odias,
Me duele,
Pero tú sufrirás
Las consecuencias.

Ya no estaré allí
La siguiente vez
Que necesites
Una amiga
Y nadie hará
Lo que yo hice por ti,
Ni tu hombre,

Ni tu próxima amiga
Dará todo de sí
Para conocer
Lo que te intimida
O lo que te hace feliz.

Con esta separación
Tú pierdes
La confidente,
La consejera,
La que no pidió
Nada a cambio.
Conmigo, pierdes
Tu amistad mejor,
Por ti aprendí
Que la amistad sincera
No existe,
Sólo es por temporada
Y tema
Que nos une y dirige.

Sólo te pido de favor,
No comentes
Nuestras confidencias
Intimas,
No por lo que se diga
De mí,
Sino que te consideren
A ti buena amiga.

Septiembre 8, 1989

Pequeña Princesa

Vestida de pureza,
Detente ante mí,
Sonríe y no niegues
Tu sentir.
Muestra tu belleza
Tal como es,
Y olvida
Por un momento
Tu timidez.

Camina con lentitud,
Suave
Y melodiosamente
Entre hileras
De claveles
Y crisantemos,
Sonríe orgullosa
Y mira a la gente
Que te ve y te admira
Por tu belleza
Y tu juventud.

Muchacha mágica,
Como paloma
Quieres volar,
Los ángeles
Contentos están
Y en coro te alaban.
Cuando las campanas
Toquen las seis,
Frente al altar
Tú serás bendecida.

Como tal
Dama especial,
Los pajarillos
Te erguirán,
Sin duda, o pena,
Por tu candor virginal.
El canto
De los jilgueros
Hacen un latente eco
Dentro y fuera
De la capilla.
Y todo para ti,
Pequeña
Y linda princesilla.

Pequeña princesa
De quince años,
Como la mariposa
Que va hacia la luz,
Así es ahora tu vida
En la intrigante juventud.

Quince primaveras
Cumples hoy,
Siéntete dueña
Del mundo,
Siéntete dueña
De todo,
Cierra tus ojos
Y déjate llevar
Por el ritmo
De la música,
Baila al compás
Del vals
Que han compuesto
Para ti.

Goza,
Este es tu día.
Gira en el ruedo
Con alegría
Y deja tu ingenuidad
Descubrir.
Tu candorosa vida
Es una virtud,
La bella fantasía
Hace de esta,
Una noche cautiva.

Pequeña princesa
De apenas quince años,
Joven y bella,
Hoy embarcas
En un viaje
Que te lleva
Entre mares
Y estrellas,
Entre el sol
Y la luna.
De todo lo que te espera,
Disfruta.

Mayo 27, 1989

A Ti

A ti,
Amigo querido,
Al transcurrir
Del tiempo,
Aprendí a conocerte,
Y ahora sé
Cómo sientes.
Al paso de los días,
He aprendido
A quererte,
Te admiro
Por decidido,
Te respeto
Por tu carácter fuerte.
Tú eres único,
Y en mi vida
Tienes un lugar
Especial.

Mi corazón
Se abrió a ti,
Y mi boca sonrió,
Tus palabras
Consoladoras,
Me hicieron olvidar
Mi dolor.
Negué mis angustias
Por no querer opacar
Tu gran alegría
Pero siempre
Me preguntabas,
'¿Qué tienes?'

Yo respondía,
'No es nada importante,'
Entre murmullos
Y suspiros,
Pero siempre acababa,
En confesión.

Tú has oído
Mis lamentos,
Escuchas,
Como nadie,
Mis tristezas
Y compartimos
Nuestras alegrías.
Juntos
Hemos reído,
Juntos
Hemos llorado,
Por esto y mucho más,
Te agradezco,
Los momentos
Importantes
Que hemos tenido.

A ti,
Amigo querido,
Por dejarme ver
En tu corazón
La bondad
Del hombre que eres.
Tus palabras bonitas
Brillaron en mi vida
En los momentos
Más oscuros,
Tú me diste paz
Y fuerza para luchar.

Por ti, me sé querida,
Tú lees
Mis pensamientos
Y me das alientos
Para seguir
Y superarme.

Yo estuve
Siempre a tu nivel,
Yo te ayudé,
Me ayudaste.
Fuimos inseparables.
Por ti, sentí celos,
Celos de tu tiempo
Y atención
Que le dabas
A otra gente
Y pensaba
Que te olvidabas de mí.

El camino
Que recorrimos
Ha llegado a su fin,
Hoy nos despedimos.
No pares a pensar
En lo que dejas atrás,
La vida
Tiene que seguir
Y pierdes tiempo
Viendo al vacío
En lo que ya
No existirá.
Sigue siempre adelante,
Y ante nada
Te detengas jamás,
Te lo suplico.

Hoy
Nos despedimos,
Mañana
Recordaremos
Con alegría
Los buenos tiempos,
Y con pena,
Las tristezas también,
Pero yo
Todo lo recordaré.
Aquí
No hay promesas,
Aquí
No hay juramentos,
Sólo son sinceros
Sentimientos
De afecto

Mayo 20, 1983

Amistad Olvidada

Cómo es la vida,
Ayer éramos
Inseparables amigos,
Hoy somos
Tan sólo conocidos.

Pero te agradezco
Todo lo que hiciste
Por mí.
Me levantaste,
Y me animaste,
Nunca olvidare
Que, por ti,
Soy quien soy.

¿Será que tú
Cambiaste
De idea
Lo que era
Nuestra amistad,
O para mí
La tuya
Ya no vale igual?

Hoy
Tú tan ligado a otros
Y yo,
–Yo tan independiente.
No me duele,
No me apena,
Mi alegría interior
Me da paz,

Y esto se refleja
En la mirada,
Ciertamente,
Mirada brillosa
Y cara sonriente.

Ahora,
Nos decimos
Hola y adiós
Por compromiso,
Costumbre,
O el qué dirán.
No te sientas obligado
Por mí,
Yo así soy feliz,
Y a mí
No me va nada mal.

Abril 2, 1987

Belleza Blanca

Tuve un amigo
De pelo
Bonito y blanco
Y tenía los ojos azules
Más intensos
Que penetraron
Hasta mi alma.

Era una cría,
Necesitaba tiempo,
Atención, cuidados,
Actividades y juegos,
Aunque fuera meloso,
Tranquilo, leal
Y cariñoso.

Esto duró sólo
Pocas semanas,
Pero, al fin,
Yo tenía a alguien
Que estaba feliz
De verme.
Me daba gusto
Volver a casa
Y encontrarlo
En el balcón
Esperándome.

Sé que suena egoísta
Pero llegaba a casa
Lista para caer en la cama,
No para ir a caminar

Como mi amigo
Lo requería,
O tal vez
No estaba acostumbrada
A que nadie
Dependiera de mí,
Y esto,
Me daba más problemas.

También sabía bien
Que este apartamento
Era pequeño
Para los dos.
Sabía que mi amigo
Necesitaba espacio
Para jugar, caminar,
Correr y crecer,
Espacio donde
Él tuviera su cama
Sus juguetes y su plato.

Con dolor
De mi corazón,
Regalé a mi Alaska husky,
Una belleza blanca,
Y me dolió
No darle un nombre
O sacarle fotos
Pero fue reubicado
Con gente de la familia
Que lo querían
Sólo para perderlo
Para siempre.

Noviembre 20, 1986

Rosa

Mi gran amiga
La conocí
En el cuarto grado
De la primaria,
Y fuimos amigas
Inseparables
Hasta la graduación
De la secundaria.
Hubo intermedios
Por ser ella menor
Pero las llamadas
Por teléfono
Llenaban los huecos
De información.

Cada oportunidad
Que teníamos,
Lo pasábamos juntas
Con las otras chicas
Que nos seguían.
Éramos dos
Inocentes palomas
Pero,
Qué consuelo y gusto
Era tener a mi amiga
Junto conmigo.
Con ella a mi lado,
Me sentía fuerte,
Me sentía desafiante
Y completa.

Mi gran amiga
De la juventud,
Era tierna y bondadosa
De espíritu,
Conocía mis secretos
Y mis temores
Pero había lealtad.
Nos entendíamos bien,
Yo le subía
Su estado de ánimo
Y le decía todo lo bueno
Que veía en ella
Y ella me levantaba
La autoestima.

Mi amiga Rosa,
Con su cara
Siempre sonriente,
Era mi fuerza
Y buena compañía
En el recreo.
Con su mano
Siempre asistente,
Fue mi ayudante
Cuando decidí
Probar la poesía.
Con su paso
Siempre paciente,
Fue mi apoyo
De mil maneras.
Con sus palabras
Siempre alentadoras,
Fue mi consejera
Cuando necesité
Quien me oyera.
Con su oído

Siempre atento,
Fue mi audiencia
Cuando tenía ganas
De reír y hablar.

Fue una gran sorpresa
Verla en el colegio,
Aunque fue un semestre
Pero me sentía feliz
De tenerla a mi lado.
La hice parte del grupo
De amigos
Y compartimos
Los problemas
De ser adultos.

La universidad
Nos separó,
Ella escogió el trabajo,
Yo escogí los estudios.
Cómo deseaba
Haberla tenido cerca,
Sé que mi vida
Universitaria
Hubiera sido
Menos temerosa
Si ella hubiera
Estado presente.

Cuando la vida
Está en revuelco,
Nos damos cuenta
De los errores
Que hicimos
De no apreciar
En su momento

A los que tuvimos cerca.
Sé que le fallé
Por no mantener
La comunicación
Pero entre libros,
Tareas y clases
No había tiempo
Para las amigas
Y de eso
Me arrepiento.

No recuerdo
Si aluna vez
Le di las gracias
Por ser mi amiga
O si le dije
Todo lo que para mí significa
Y también eso lamento
Pero quiero que sepa
Que todavía la necesito.

Noviembre 20, 1990

EN GENERAL

Hay palabras,
Recuerdos,
Y hechos
Que no encajan
En un lugar
Específico
Pero se deben
Decir y guardar
Por la importancia
De aquella gente
Y los viejos tiempos.

La Llamada

Como el susurro
De los árboles
Al mover las hojas,
Así yo, te murmuro,
Suave pero firmemente,
Este triste adiós.

Un beso y un abrazo
Te dejo de recuerdo,
Es difícil
La despedida,
Tu rostro muestra
Lágrimas de cristal
Y en mi corazón
Siento la punzada
De la muerte.

La importancia
De este amor
Está reflejada
En el cielo.
Las nubes
Se vuelven grises
Y, así yo,
Lloro calladamente
Y tú bajas la mirada
Por temor
A la soledad.

El eco de la eternidad
Me llama,
Mi cuerpo se enfría

Mi alma arde en el calor
Y mis ojos abro
A las sorpresas
Que Él me tiene
Preparadas.

Susurra con suspiros
La sinceridad
De tu sentir,
Dime
Que me amarás
Mañana,
Necesito tener
Esta creencia en mente
Y me acompañe
En la espera
Hasta que el eco
De la eternidad
También a ti te llame.

Subiré
A paso lento
Por las nubes
De algodón,
Me quedaré
Donde pueda agarrar
El viento
Y confirmar la verdad
De mi visión.

Marzo 28, 1989

105

La Locura Afuera

Cierra la puerta,
El ruido estancado
De afuera,
Es intolerable.

La locura,
La insensibilidad.
Me ha hecho llorar
Bastante.
Mi alma
Ya no tiene aguante.

Cierra la puerta
A la locura
De afuera.

Febrero 15, 1990

El Camión

Empecé mis años
Universitarios
En el valle agrícola
Donde vivo.
Antes que hubiera
Transporte público,
Una carcacha
De camión escolar
Hacía sus rondas
Por doquier
Para recoger
A los estudiantes
Muy temprano
Y por las tardes
Traerlos de regreso.

El camión
Era una reliquia
De décadas pasadas
Y la pintura blanca
Opaca por fuera
Fácil se descarapelaba,
Sólo el logo
Y el nombre del colegio
Tenían buen aspecto.

Me recogía a las 6:30
Y, con el sol en mi cara,
Entrecerraba los ojos
Haciéndome ver
Como enojada
Pero, sinceramente,

Tenía miedo
Y me sentía aislada.
El primer día,
Una sensación rara
Me llegó,
Las puertas se abrieron
Y yo me vi
Como una niña,
Apretando el pasamano
Para subir
Los escalones altos del camión
Que ahora
Me lleva al colegio.

El primer asiento
Por la entrada
Lo hice mío
Y veía las caras
De quién subía después.
Por la ventana grande,
Disfruté la vista
De la ruta conocida
Pero se veía bonita
E interesante
Con ese rocío mañanero
Aunque rebotábamos
A los asientos
Duros y gastados
Por los baches y topes
En las carreteras.

El chofer
Era joven todavía,
Guapo, amistoso,
Y siempre contento.
Sus pláticas con los otros

Eran entretenidas.
Justo cuando yo subía,
Él prendía el radio
En la música de moda.
El viaje a la escuela
Me daba tiempo
Para ponerle atención
A la música
Y apreciar la letra.

A veces,
Teníamos la luz roja
Antes de dar la vuelta
Hacia el colegio
Y yo tenía tiempo
De admirar
La estatua
De una madre
Caminando de la mano
Con sus hijos.
En la otra esquina
Había un reloj exterior
Y calculaba
Si tenía tiempo
O tenía que ir de prisa.

Al principio
Me mantuve callada
Y con la mirada baja
Pero al bajarnos
En la escuela,
Oía voces atentas
Diciéndome,
'¡Ten cuidado!'
Todos se apresuraban
Y yo no distinguía

Rostros y voces
Pero pensé,
Si se preocupan,
Deberán ser buenas gentes
Y pueden ser
Buenos amigos
Pero yo no me atrevía
A iniciar nada.

Mi primera amiga
Se presentó conmigo
Y empecé a perder
Mi timidez.
Ya no me sentía
Fuera de lugar,
Entre pláticas y vistazos,
Empecé a ver a otros
Como yo – tímidos,
Callados y serios
E hice el esfuerzo
De hacerme amiga
De todos ellos.

Ahora que tenía
Con quien hablar
Y razón para reír,
No podía evitar
Ser ruidosa.
En las mañanas,
Cuando subía al camión,
Oía a la gente
Medio despertando
Y arreglándose
Pero alguien grita,
'Allí viene la risueña,'
Y las charlas comienzan.

Por las tardes,
Esperaba con gusto
Los viajes
Aunque parecían
Más cortos,
Pero ya veníamos
Relajados y platicadores.
Cómo deseaba
Vivir más lejos
Para continuar
Con la conversación
Y la diversión.

También tuve
Pláticas serias
Con mis compañeros
Pasajeros
Y a todos los conocí
Íntimamente.
A un muchacho
Le pregunté por su mamá,
Su respuesta fue
Que estaba enferma
Y se volteó para detener
Sus lágrimas.
Quería abrazarlo en apoyo,
Pero el respaldo del asiento
Y mi timidez
Estaban entre medio
Así que una sonrisa
Y una caricia
En su mano le di
Para que entendiera.

El camión
Se descomponía seguido
Aunque nunca
Nos dejó varados.
Para nuestro descontento,
El camión
Tenía un gemelo
Solamente con
Asientos más acojinados
Pero muy resbalosos
Y lo comprobé
Una mañana de primavera.
Subí muy contenta
Y me senté atrás del chofer
Junto a mi amigo,
Yo reía y hablaba
Muy coqueta
Pero al dar la vuelta,
Me resbalé del asiento
Y acabé en el piso.
Los comentarios, las risas
Y los ayudantes no tardaron
Pero nada me quitó
La vergüenza.

Esos días festivos
Cuando el chofer predecía
Que pocos estudiantes
Esperaban la vuelta,
Nos regresábamos
En un minibús
O una camioneta
Y el camión y nosotros
Nos convertimos en la burla
Entre algunos amigos.
Por supuesto,
Defendí el camión,
La gente y las vueltas.

Nadie sabía
Pero por dos años,
Estos viajes
En el camión escolar
Eran parte de mi bienestar.
Mi felicidad mental
Iniciaba cada mañana
Con los saludos
Y muchas sonrisas.
Los viajes
Me daban tiempo
A relajarme,
Los pasajeros compañeros
Me ayudaban
A sentirme optimista.
Al reconocerme,
Me sentía positiva de mí
En todo momento.

Después de trasladarme
A otra escuela,
El colegio
Hizo grandes cambios
Y es una pena saber
Que quitaron el servicio
Del camión escolar
Pues el transporte público
Tomó control
De todo el condado.
Pero no es lo mismo
Que viajar en camión
Lleno de estudiantes,
Amigos y compañeros
Donde se puede charlar,
Bromear y conocerse
Cómodamente.

Me siento afortunada
De haber viajado
En el camión escolar
Pues me dio la oportunidad
De conocer
Grandes personas
Que fueron grandes amigos
Y que, sin saber,
Me ayudaron
Con mi autoestima.
El camión escolar
También
Me dio la oportunidad
De hacer sueños
Y grandes recuerdos.

En analogía,
En la autopista
De la vida,
Se es el chofer
O el pasajero.
Se maneja para delante
O, por un momento,
Se mantiene en neutral
Pero no frecuente
Se va de reversa.
Y se maneja
En cámara lenta
O a toda velocidad
Para subir o bajar
Caras y emociones
En el debido tiempo
De nuestras vidas.

En analogía,
La vida se ve
A través de la ventana
Grande
En el asiento delantero
Para ver lo que viene
O se echa una ojeada
Por las ventanas chicas
De los lados
Pues la ventana trasera
Sólo se usa
En una emergencia
Y para ver
Lo que atrás se queda.

En analogía,
La medida del camión
Es la habitación
Que se amuebla
Y el espacio
Que se llena
Y se amontona
Con el equipaje,
Paquetes y baratijas
Y dentro de nosotros,
Es toda la carga emocional
Que se lleva
Con los recuerdos innecesarios
Que no nos conducen
A ninguna parte.

Marzo 10, 1985

Otoño

Paseando
Por el parque
Veo los árboles
Que ya empiezan
A cambiar de color.
Se siente un aire
De invierno,
Aire de nostalgia,
Aire de añoranza,
Aire de deseos apagados
Y soledad.

El cielo azul
Hermoso con nubes
De algodón
Y los pájaros
Que no se han ido,
Cantan
Entre las flores
Que el verano dejó atrás
Y empiezan a hacer su nido.

La gente camina
Apresurada a sus vidas
Y yo me siento y anoto
Mis observaciones.

Octubre 15, 1983

El Dormitorio

En el segundo piso,
A medio pasillo
Y con vista a la calle
Poco transitada,
Estaba mi cuarto
Que fue mi casa
El primer año
De mi vida universitaria.

Era un lugar extraño
Y yo me sentía sola
Y temerosa.
En la escuela,
Me sentía perdida
Y apenas funcionaba
Pero en mi cuarto,
Las lágrimas de debilidad
Fácil fluían.
Quería escaparme
De este lugar,
Quería escaparme
De estos sentimientos
Que no se entendían.

El ambiente
Era algo sombrío
Pues me sentía
Como prisionera
Bajo el medidor de tiempo
Y los guardias vigilando
En cada esquina.

Era un ambiente
De individualismo
Y soledad
Donde cada uno
Se defiende solo
Y a nadie le importa
Del vecino.
Era un ambiente depresivo
Que nunca tuvo
Apariencia de hogar
Y el olor a humedad
Estaba impregnado
En los pisos.

Era un ambiente
De rectitud
Donde la vigilancia,
La obediencia
Y la disciplina
Se deben mantener,
Donde el reglamento
Era de vivir encerrada
Y bajo llave
Y mantener silencio
A toda costa,
No importa la hora que es
Pero el ruido y las luces
Se deben apagar a las diez.

Me sentía como si fuera
Una paciente a largo plazo
En un hospital
Donde las visitas
Son el entretenimiento
Pero sólo entran
Ciertos días y horas.

Era un ambiente
De horarios
Hasta para la cafetería.
Era un ambiente
De disgusto
Pues la comida servida
No tenía sabor.
Me sentía como niña
Que necesitaba la protección
De la familia
Pero no había nadie
Para darme la mano
O hacerme el tiempo
Más liviano.

Los recuerdos
De una niñez
Que hice al lado
Cobraron vida.
Me vi llorando
Junto al ventanal
De mi cuarto
En el segundo piso
Deseando que aquellos,
Que se ven pequeños
Caminando afuera,
No me dejaran atrás.
Los mismos sentimientos
De soledad, abandono
E impotencia,
Me envolvieron
Otra vez.
Ahora tenía el conflicto
De ser adulto,
Querer independencia
Y resentir la ausencia.

El estrés, la soledad,
El temor y la depresión
Invadieron mi mente
Y mi ambiente
Y se confundían
Con mi salud física.
Un incidente raro
Sucedió en la regadera,
Una mañana de otoño,
Me desmayé.
Nadie oyó el golpe,
Nadie me interrumpió.
El desmayo
Se volvió un sueño.
Al caerme el agua en la cara
Y mi cabeza
Tapaba el drenaje,
Me vi en primera
Y tercera persona
Viendo una cascada cercas.
Yo era un caballo
Tomando agua a la orilla
De un rio,
El agua era clara
Y tranquila.
Volteé al cielo
Y vi el sol que encandila
Y el mismo brillo
Me hizo despertar
Y volver a la vida.

Por las noches
Dentro de mi cuarto
Al apagar la luz,
Tenía la sensación
Que alguien

Estaba atrás de mí
Con cuchillo en mano
Listo para clavármelo
Por la espalda.
Al dormir,
Trataba de relajarme
Pero acababa con pesadillas.
¿Era yo
O era el lugar extraño?

Me arrepentí
De estar en esta escuela
Si no estaba preparada
Para estos cambios.
Deseaba regresar
A lugares y tiempos
Anteriores
Cuando todo era
Simple y divertido,
Cuando estaba contenta
De ser yo
Y tenía amigos.

Buscando alivio,
Me arrodillé
Frente a mi cama
Con el rosario en mano.
Me puse a rezar,
Repetir y repetir,
Contar y repetir,
Después perdí la cuenta,
Me confundí.
Al final, yo le recé
Directamente a Dios,
Mis rezos fueron
Mis palabras de carencia

Y aclararon mis sentimientos.
Pedí fuerza, guía
Y compasión
Para todos mis temores
Porque la soledad
Es tramposa y fácil engaña.

Cerré mis ojos
Y las lágrimas resbalaban
Como un rio desaforado.
Entre mis rezos,
Sentí como si un velo blanco,
Tan suave, ligero y cálido,
Bajaba del cielo
Para cubrirme.
Me sentía protegida,
Las lágrimas salían
Pero sentía alivio mental
Y un peso menos de encima.
Me sentía
En otra dimensión
Hasta que el timbre
Del teléfono
Me trajo a la realidad.

Con el tiempo,
Mis temores disminuyeron
O los espíritus malos
Se fueron.
Mis vecinas del lado
Fueron mis amigas
Aunque nunca
Fueron tan cercanas
O por tiempo prolongado
Como en el pasado.

Nomás aguanté
Un año
En este ambiente
Y en mi dormitorio,
Un lugar con horario
Y vigilancia
Como una prisión
Y con un ambiente
Deprimente
Como un hospital.
Un lugar
Que fue mi hospital,
Mi manicomio
Y mi prisión
En mi estado mental.

Julio 20, 1986

Estudio 251

Cuando las compañeras
Tienen un estilo de vida
Diferente,
Cuando las visitas
No son de mi agrado
Y cuando los problemas
De la nada surgen,
Es hora de empacar,
Es hora de hacer
Las paces y mudarse.
Antes de acabar
Como enemigas,
Es mejor dejar el odio
Y ser vecinas.

Así pues, el estudio 251
Fue mi casa
Por algunos años,
Un apartamento
Pequeñito
En el segundo piso
Con la vista al patio
Para ver un lago
Donde muchos patos
Nadaban, se bañaban,
Comían y cantaban.

Poca gente salía
A sus balcones,
Poca gente se veía afuera,
Poca gente
Usaba la alberca,

Poca gente hacía ruido,
Poca gente caminaba
En las aceras.
Todos vivían
Muy privados y escondidos,
Todos vivíamos
Para nosotros
Sin conocer al vecino.

Mi puerta se abría
A pocas visitas
Pero, aun así,
Me calumniaban
De libertina
Y en mi propia cara
Pero se reían
De mi desánimo.
Otros, a mi espalda,
Decían de su disgusto
Por mí
Causando problemas
Que cementó en el débil
Dudas de mi integridad
Hasta que tuvieron el final
Que buscaban.

El carácter real
De mi identidad
Se revela en mi soledad,
Sin maquillaje,
Sin palabras, ni fantasías,
Ni ojos sobre mí.
Y el estudio 251
Fue mi cueva,
Mi escape y mi refugio
Donde no veía,

No oía y no hablaba
Con nadie
Por días enteros.
El silencio del interior
Se rompía a veces,
Con los pasos
En la escalera
Para la vecina
O por los patos afuera.

Las amigas que tenía
Eran de la escuela
Pero cuando
Fue necesario,
Buscaron mi ayuda,
Mi compañía
Y mi protección.
Sí, las mismas
Que contribuyeron
A mis enojos antes,
Después necesitaron
De mí
Y les di alojo por igual.
El estudio 251
También fue su refugio
Aunque en diferentes
Tiempos
Y circunstancias.

Las paredes vacías
De mi estudio
Fueron testigos
De mi anhelo
Para ver al hombre
Que quiero
Sólo para verme

Llorar pronto
Del bombardeo
De insultos
Y acusaciones
Durante las discusiones
Que surgían de la nada
Y me quebraron
En mil pedazos.
Las paredes vacías
Fueron testigo
De una relación
Que se deshacía
Y el dolor inigualable
Que dejó en el interior
Y la autoculpa
Que allí habitaba.

Las presiones
Por todas partes
Me traían dolores
De cabeza
Y mal humor
Pero sólo mis paredes
Sabían la causa
Y el efecto.
A través de los años,
Las paredes vacías
Del estudio 251
Fueron testigo
De mi docilidad,
Mi pasividad
Y mi impotencia,
También fueron testigo
De mis enojos y caprichos,
Mis exigencias,
Mis decepciones

Y mis autoderrotas,
Y fueron
Frecuente testigo
De mi indiferencia
A algunos
De mis propios logros.

Las paredes vacías
Fueron testigo
De mis episodios
De depresión
Y debilidad mental
Pero también me vieron
Ponerle buena cara
Pintándome los labios
Y fingiendo fortaleza.
El ultimo día
Cuando me mudé,
El estudio 251
Se veía alegre,
Iluminado y agradable,
Acogedor y grande
Y lleno de posibilidades.
Y, en cuanto a mí,
Le di el cerrón a la puerta
Tras de mí
Para empezar una nueva fase.

Diciembre 30, 1990

Metas

¿Qué quiero ser
Cuando sea grande?
Quiero ser
Escritora, poetisa
Y novelista
Donde deje
Pasajes de mí
Y ser inspiración
Para quien me siga.

Enseñar
Es mi último recurso
Pero me rodeo
Con futuros maestros
Entre mis amigos.
Me llevan
A juntas, clubs,
Conferencias, talleres
Y viajes de estudio
Porque les agrada
Mi compañía.

Veo que trabajan
Para sus metas
Y a diario,
Alimentan sus sueños.
Aprenden y se entrenan
A educar y entretener.
Yo pongo atención
En sus historias
Para escribir después.

Debo confesar,
Me siento incumplida
En mis sueños,
Seguido me siento perdida
En alcanzar mis metas
Y me pregunto,
¿Cuál es el proceso
Para tener éxito
Como escritor
Así como ellos lo tienen
Para ser maestros?

Mayo 30, 1984

La Laguna

En días nublados,
De sol, lluvia,
Viento y frio,
Nos escapamos
Del lugar
Y de los libros
Y en los viernes
Por las tardes
Nos vamos a la laguna.
Disfrutamos
De la escena,
La compañía,
El picnic
Y los amigos.

Los amigos invitan
A dar la vuelta
O, entre diligencias,
Nos desviamos
Del camino,
Y, sin plan específico,
Llegamos a la laguna.
Siempre encontramos
Una buena excusa
Para escaparnos
De los estudios
Y de la rutina.

El galán propone
Escaparnos a la laguna,
Nomás él y yo,
Pero alguien oye

Y el grupo nos sigue.
Yo voy con él,
Y quiero platicar
Pero el ruido insoportable
Del motor
No me deja oír.

Las puertas
De los carros
Se abren y se cierran
Y nuestras voces
Y risas
Llenan el vacío
Y el silencio.
Nos dispersamos,
Algunos caminan
Descalzos
A la orilla del agua
Que se mueve
Y no se cansa.
Al malecón me voy
Con mi amiga
Y tras de mí
Viene el galán
Que me quiere conquistar.

Nos reunimos
Y lejos de los disturbios
Y distracciones,
Es bonito sentarse
Al aire libre
Para platicar y reír
Entre mis rivales
Y todos mis amigos.

Algunas chicas
Aparentan inocencia
Pero no engañan
A nadie,
Caminan,
Hablan y se ríen
Muy coquetas
Con los muchachos
Y las manos
No les paran,
Tocan y rozan
Queriendo atención
Pero que felicidad es ver
Que el hombre
En la disputa
Tiene los ojos en mí.

Abril 5, 1984

La Tecnología

Tuve miedo
A la tecnología
Y todos los aparatos
Pues no quería
Descomponerlos.
Mientras todos usaban
La computadora,
En la maquina vieja
O a mano yo escribía,
Mientras todos
Usaban lo moderno,
Yo seguía obstinada
A quebrarme la cabeza
Con objetos rudimentarios.
Yo seguía obstinada
En darle valor y vida
A lo que ya no interesa
O se necesita.

Bueno, cedí
Y empecé la computación.
Comprobé
Que las computadoras
Son frágiles
Y complicadas
Y mi temor
Se hizo realidad
Cuando la computadora
Y el disquete blando
Se tragaron mi trabajo
Y mis obras de arte.

La tecnología
Es maravillosa
Cuando todo va bien
Y todo acaba bien
Pero es confusa
Por tener tantas partes,
Programas y espacios
De información oculta
Y cada clic
Puede deshacer
Lo que me tomó
Todo el día para crear.
La tecnología es frágil
Y fácil se descompone
Si me anuncia,
'Disquete está corrupto,'
Aunque no le hice nada,
Y la tecnología
Es inservible
Si no está el aparato
O no hay electricidad.

Por más que rece
O me enoje
Y le de sus golpecitos,
La computadora
No me escupe mi trabajo.
¿Qué pasó?
Sólo la usé ayer
Y todo estaba bien.
Si fuera en papel,
Mi problema y solución
Sería buscar
En el bote de basura
Lo que aventé sin querer
Y empezaría otra vez.

Qué decepción
Y coraje es
Ver mi trabajo
Y mis escritos perdidos
O por allí, entremedio,
Escondidos.
Mis obras de arte,
Mis tareas y mis clases
Desaparecen
En un momento
Y ni siquiera
Los científicos
Saben que hacer
Con esto.

Apenas comienzo
Con la computadora
Y ya me di cuenta,
La tecnología
Nos avanza
Pues es más rápida
Pero nos detiene
Pues sin el aparato
O electricidad
Nada se hace
Y en un apagón
O descuido,
Todo se pierde
Y tal vez nunca
Se recupere.

La tecnología
Nos hace perezosos,
Débiles y tontos
Y la pérdida de memoria
Nos llega

Por depender
En la maquinaria
Que nos reemplaza.

La tecnología
Es mala, malvada
Y vengativa
Cuando nos quita todo
Y de las manos
Porque el robot
Hace todo mejor
Y más rápido,
Después nos volvemos
Un estorbo
En la sociedad
Pero un instrumento
Para los científicos.

La tecnología
Hace fácil
Acostumbrarse
A lo bueno, fácil,
Bonito y rápido
Aunque sea dañino
Para el ser humano,
Pero es un sacrificio
Volver a lo rudimentario.

Diciembre 28, 1990

Floreciente

Como una flor delicada
Puesta en tierra árida,
Caliente, seca
E infértil del desierto,
Así era yo,
Una flor marchitando
Al momento
Por falta de humedad,
Sombra, agua y viento.

Me faltaba
Una mano suave
Y actos de cariño,
Con entendimiento
De mi belleza escondida
Y me cuidara
De los efectos
Del ambiente.
La flor delicada
Después florecería
Y la semilla se esparciría
En variantes nuevos
Para ser resistente
Y bella
En regiones arduas y secas.

Como una niña perdida,
Solitaria y miedosa,
Constantemente
De espalda contra la pared
Así yo vivía,
Arrinconándome

Para mi sentido
De protección,
Siempre alerta
De los peligros
De mi ambiente,
Siempre cuidándome
Del rechazo
Y las malas maneras,
Siempre desconfiando
Y buscando
Mi rincón seguro
Aunque el rincón
Fuera en público
Y al aire libre.

Necesitaba paciencia
Y tiempo,
Me faltaban palabras,
Cuidados y alientos
Para abrir mi jaula,
Mental y física,
Y dar paso afuera
Segura y valiente
Y dejar de vivir escondida.

Como algo diminuto
En un mundo desconocido
De gigantes
Donde los pasos
Retumban,
Las voces altas asustan,
Aturden y ensordecen,
Así, yo me sentía,
Viéndome invisible,
Frágil, atemorizada
E incapaz

De abrir la boca
Para pedir ayuda
O extender mi mano
Para ayudar a nadie más.

Me faltaban amigas
Quien caminara
Junto conmigo
Para sentirme protegida
Y quien compartiera
Su luz y su fuerza
Para yo ser vista
Y amigos que me elevaran,
Más arriba de ellos
Para ver lo grandioso
Que siempre he sido.

Como una niña
Entre gente
Temperamental,
Así, yo vivía,
Complaciente
Pero callando las quejas,
Frustraciones
Y melancolías
Y fingiendo alegría
Para hacer más llevaderas
Las consecuencias
Y el tiempo en ese sitio.

Necesitaba amigos
Que me dejaran hablar
Y desahogarme
Para deshacerme
De creencias y prejuicios.
Necesitaba fuertes

Modelos a seguir,
Que me dejaran desarrollar,
Emocional
Y socialmente,
Y necesitaba conocer
Amigos y compañeros,
Pero, francamente,
Tenía miedo,

En unos días,
Con una sonrisa
Y pocas palabras,
Los amigos llegaron a mí,
Y, uno a uno,
Me dieron su tiempo,
Respeto y cariño.
La flor marchita
Encontró el alivio
Y empezó a revivir,
Acondicionada y resistente
A los cambios
En el ambiente.

Qué gran diferencia
Hacen los amigos,
Por ellos, me veo
Entre las multitudes,
Me oigo hablar
Sin miedo,
Me oigo dar órdenes
Y consejos
Y me oigo reír libremente
De mis fallas
Porque me siento bien
De quien soy.

Ahora mi sonrisa
Y mi buen semblante
Son natural.
Ya no me escondo
De los espejos
Ni de la gente,
Me siento bien,
Me siento importante,
Apreciada y especial.
Pronto
Dejé de sentirme
Como niña perdida
Y me veo
Como una adulta,
Fuerte y confiada.
Ahora soy
El botón en flor
Con el rocío
De la mañana.

Por mis amigos,
Sus elogios
Y su inclusión,
Me siento caminar
Derribando obstáculos
Y me siento invencible.
Mi timidez desapareció,
La niña que yo era,
Se volvió alegre,
Segura e independiente,
Soy como un retoño
Siempre floreciente.

Tengo tantos amigos,
Todos
Por diferentes motivos
Y en diferentes maneras,
Pero me siento querida
Aunque esté sola.
Siempre hay
Algo que hacer,
Siempre hay
Buena compañía
Y mucho por explorar.
Me encanta
Ir a la escuela
Para ver a mis amigos,
Me siento
Como mariposa
Siempre floreciente
En los campos
De primavera.

Mayo 1, 1984

Los Lloros

Una noche
De invierno,
Con lluvia y vientos,
A solas
Y a oscuras,
Escuché el lloriqueo
Más triste
Que jamás había oído.

Fue algo tenebroso
Que me causó
Escalofríos,
Fue una combinación
De tristeza
Y soledad,
De hambre
Y desamparo,
Fue algo irreconocible
Y macabro,
Fueron ruidos
De voces viejas
Llorando en voz alta
Con sonido
De recién nacido.

¿De dónde llegó?
No lo sé.
El sonido estridente,
Prolongado, fuerte
Y constante,
Rompió mis oídos,
Penetró mi corazón

Y me perturbó la mente.
Me dolió tanto
Lo que oía
Que sentí
Como si me apretaran
El corazón,
Fue un dolor
Tan intenso
Que solté el llanto
Sin explicación.

Nunca había oído
Algo semejante,
Nunca había sentido
Tanto dolor
Por los ruidos
Del exterior
Pero esto es
Lo que pasa
Cuando los gatos
Y sus crías,
Lloran y maúllan
En la oscuridad,
Dejan a los oídos
Del ingenuo
En desconcierto.

Diciembre 17, 1987

Al Aire Libre

La noche nos cae
Y la conversación
Se vuelve monótona
Y repetitiva
Pero todavía es temprano,
Según mi reloj.

El fresco de la noche
Me da escalofríos
Pero el calor de una cobija
Con olor a recién lavada
Cae sobre mis hombros
Y me trae confort.
Unas tazas de chocolate
Caliente
Reaniman la plática
Y nos acercamos al fuego.

Los árboles
Se mecen despacio
Pero la brisa
Revuelve olas de viento frio
Que me hace
Respirar profundo.
Oigo algo que golpea
Entre las ramas
Por allá arriba
Y mis ojos se agrandan,
Mis manos se esconden,
Mis pies
Quieren brincar a la mesa
Y mi cuerpo se tensa.

'Tranquila,
Es sólo un gato,'
Me dicen
Las voces conocidas
Y los oigo preocupados
Por mi bienestar
Pero mi mente
Se concentra
En mis fobias
Que son fuertes
Y parecen ser real.

Miro al suelo,
Miro el cielo negro,
Miro por todas partes
Y sacudo la cobija,
No quiero bichos
O alimañas cerca de mí.
¡Seguro, eso sería
Una muerte repentina!
Y me doy cuenta,
Necesito repelente
De todo tipo
Para prevenir y ahuyentar
Todos los animales
De mis pesadillas.

Escucho risas
Por lo que hago y digo,
Escucho comentarios
Menospreciando
Mis sentimientos.
¿Qué puedo hacer?
Definitivamente soy
Una persona
Para el interior.

La carpa
Da la apariencia
De un refugio seguro
Pero cierro y tapo
Todas las aperturas
Y los huecos
Para estar convencida.
El acostarme en el suelo,
Frio y duro,
Me deja adolorida,
Impaciente
Y malhumorada,
Por el insomnio.

Pero, sea como sea,
Me despierto
Con el aroma
De café recién hecho
Hirviendo cercas.
Oigo el sartén candente
Con las carnes y huevos
Y me apresuro a salir
Y sentarme a la mesa.

No hay nada mejor
Que una taza
De café caliente
En mis manos
Y un buen desayuno
En una mañana fresca
Para disfrutar del aire libre,
Especialmente,
Cuando el sol ya sale.

Noviembre 29, 1986

Lava Carros

Nos paramos
En la banqueta
Con los carteles
De cartón
Tratando de atraer
La atención
De los choferes.

El hombre
Que me interesa
Se coló
Para este evento
Pero allí viene
Para ayudar y convivir
Como buen amigo
Y estudiante.

Yo fui el cajero,
Mis amigos
Hicieron el trabajo
Pero a mí me pagaron.
Era un día frio
A principios
De la primavera
Pero nadie se queja.
La espuma y agua
Llenan sus manos
Pero hablan
Y se ríen
Compartiendo el trabajo
Y lo que tienen.
La música de fondo

Del radio cerca
Y el agua salpicando
Llenan el aire
En esos momentos
Cuando no hay nada
Que decir.

Las horas
Se pasaron rápido,
Así es siempre
Cuando me divierto
Y otros hacen
En el trabajo.
Es un día libre
De las clases
Pero las chicas
Se ven bien
Para los muchachos.
Hay un poco
De miradas coquetas
Y risitas sexys
Pero con medidas
Pero los muchachos
Se mantienen callados
Y distraídos.

Al anochecer,
Fue una sorpresa
Ver al galán
Frente a mi puerta.
Me trajo mis cosas
Y muestra interés
En platicar,
Con sonrisas
Pero sin palabras directas.

Esto le puso final
A la guerra social
Que teníamos
Y cementó
Un comienzo nuevo.
Entendí
Que a veces,
El interés esta allí
Aunque se quiera negar.
A veces,
Debemos pelear
Nuestros propios
Temores
Y las malas lenguas
Para ser feliz
Y tener
Otra oportunidad.

Marzo 30, 1984

Amiga Maternal

Me han acusado
De ser amiga maternal
Pero eso lo tomo
Como un cumplido.
¿Cómo ser amiga
Y no decir
Lo que veo mal?
¿Cómo ser amiga
Y quedarme al lado
Y no hacer nada
Viendo los peligros
Donde pisan?
¿Cómo ser amiga
Y no aconsejar
O calmar su dolor?
¿Cómo ser amiga
Y no rescatarlos
Cuando los problemas
Son serios
Y están metidos?

Noviembre 25, 1983